Think Global
São Paulo
www.thinkglobal.com.br

ISBN- 978-65-990993-2-8

Design da capa por: Rodrigo Solano

ÍNDICE

A quem busca sucesso sem fronteiras

INTRODUÇÃO

Culturas e idiomas estão entre os assuntos que mais gosto e que mais contribuíram para o meu desenvolvimento pessoal e profissional. Falar do assunto me causa prazer e é esse sentimento que gostaria de compartilhar com o conteúdo deste guia.

O guia tem base em desenvolvimentos nas áreas da linguística e da cultura, mas não pretendo aqui apresentar uma abordagem demasiadamente técnica, o que seria um empecilho para sua aplicabilidade no dia a dia. O conhecimento tem um valor diferente quando pode ser posto em prática e nos render bons frutos.

Vivemos em um momento em que os textos muito formais tendem a cair em desuso, ou estão restritos a áreas específicas. Hoje, somos seres que estão nas redes sociais, que veem imagens, que estão acostumados com um mundo rápido, dinâmico e, principalmente, que têm rostos e caras. Não é à toa que o Facebook pode ter sua tradução literal, para o português, como o "livro da cara".

Entretanto, para o que pretendo aqui, não convém que eu compartilhe conhecimento escrevendo o livro da minha "cara". Tampouco consigo imaginar que seria útil um livro todo com a minha cara para tratar de diversas línguas.

Todavia, esse guia tem sim um pouco da minha "cara". Ele é um produto de dezenas de livros lidos, temas estudados e países visitados, com uma bagagem técnica e emocional como ingredientes. Técnica, por eu ser um constante estudante de línguas e especialista em semiótica. E, emocional, porque a diversidade cultural, o que inclui línguas, é um dos temas que mais me tocam.

Sabemos que o mundo ainda está a evoluir, mas muito da evolução à que chegamos hoje se deve às interações que misturaram povos e culturas, incluindo suas línguas e conhecimentos. Na cultura ocidental, por exemplo, escrevemos em alfabeto latino ou romano, usamos numerais árabes, e a religião com o maior número de adeptos, o cristianismo, vem do Oriente Médio. Usamos a imprensa e o papel criados na China, e mantemos muito do pensamento greco-romano. Mas nossa interculturalidade, com os fluxos migratórios de pessoas e conhecimentos, vai muito além, misturando culturas de povos de todos os continentes.

A vida me concedeu a graça de poder ter conhecido parte desse universo intercultural, para o qual não deixei de apontar minhas curiosas lentes linguístico-culturais. Da África ao Oriente Médio, da Ásia à Europa, da América do Norte aos nossos vizinhos mais ao sul: sons, cores, comportamentos, história e línguas muito me ensinaram sobre a nossa diversidade e formas de pensar. E sobre a grande importância de pronunciar algumas palavras na língua daquela ou daquele que nos ouve.

Nas viagens que tenho feito, vejo também uma enorme quantidade de brasileiros se aventurarem pelo mundo afora, principalmente em busca de negócios com pessoas de outros países. Vi outros que, aqui nesta rica terra tropical, recebem estrangeiros em seus estabelecimentos e se esforçam para atendê-los da melhor maneira possível.

A satisfação desses clientes estrangeiros é o primeiro passo para colocar seus negócios em um patamar internacional, algo visto como atraente, inclusive pelo público nacional.

Por outro lado, vivemos em um país continental, com uma das maiores populações do mundo com uma única língua bastante difundida, embora fale também centenas de outras línguas, tanto oriundas do período pré-colonial, preservadas por povos nativos, quanto as trazidas por imigrantes. Essa unicidade linguística constitui uma situação rara entre grande parte dos países do mundo.

Esse, entre outros motivos, faz com que o Brasil tenha forte influência de uma única língua – o português. Isso afeta a maneira como pensamos, agimos e planejamos nossas interações, incluindo nossos negócios. A língua portuguesa é um dos principais pilares que sustenta nossa cultura. Mas é também o que nos impede de sermos mais internacionais e colhermos os frutos disso, caso foquemos apenas em nossa língua, seja para comunicação do dia a dia, para usar em viagens internacionais, ou para ter um diferencial profissional ou comercial, como trataremos mais adiante.

Ao viajar por outros países, principalmente menores que o Brasil, em termos de extensão territorial ou população, pude notar que as pessoas tendem a ser mais propensas a falar inglês, muitas vezes, com o objetivo de atrair mais clientes e até promover seu país turisticamente. Mas não só países pequenos. Houve uma época em que a moeda brasileira, o Real, estava valorizada. Muitos brasileiros viajavam para os E.U.A. para fazer compras, já que os produtos lá saíam mais em conta. Não era raro encontrar atendentes norte-americanos que falavam português nas grandes lojas estadunidenses para receber bem os brasileiros. Essa era uma demonstração de estarem preparadas para lidar com quem está disposto a comprar – conquistar o cliente!

Por outro lado, nem todas as lojas estavam exatamente prontas para receber o grande influxo de brasileiros, atendendo em português fluente. A solução pensada foi colocar à disposição pessoas que falassem ao menos alguma coisa em português e que soubessem algo da cultura brasileira.

Embora paliativa, por não haver fluência, o fato de falar ao menos um "Bom dia!", um "Como vai?" ou citar personagens de nossa cultura, criava um ambiente empático e demonstrava que o atendente e o estabelecimento, por extensão, se importavam com a cultura brasileira, o que poderia ser estendido a clientes de Portugal, Angola, Moçambique e outros países lusófonos, países para os quais, aliás, também dedico esse livro.

Reforço meu apreço pela cultura de modo geral, mas também aprecio muito viajar pelo Brasil e tive a sorte de conhecer um pouco de todas as regiões do país. Parece-me incrível um país com uma língua tão forte e difundida ter tanta variedade cultural. O Sudeste e o Sul, com sua herança imigratória, o Norte amazônico, em que a herança pré-colonial permeia grande parte da cultura, o Nordeste com a vibrante mescla entre europeus, africanos e indígenas. São tantas as variedades gastronômicas, musicais e de costumes que tecem esse grande país da mistura: o Brasil.

Algo, porém, parece diferente do que observo naqueles países mais preparados para receber estrangeiros: relativamente poucas pessoas falam línguas estrangeiras a exemplo do inglês. Sempre que pergunto a empresários e jornalistas que recebo aqui – "Qual a maior dificuldade que encontrou no Brasil?" – Quase sempre a barreira linguística é mencionada. Ainda encontro pessoas que dizem "Estrangeiro aqui tem que falar português".

Não estou no ponto de concordar ou discordar de quem pensa assim. As opiniões devem ser respeitadas. No entanto, quando queremos promover ou vender algo causando uma boa impressão, é importante receber bem, o que inclui falar ao menos o suficiente de línguas estrangeiras. A dificuldade na comunicação pode tornar a viagem de turistas e pessoas de negócio mais difícil, e causar uma má impressão que pode resultar em um baixo sucesso nos negócios. Assim mesmo, o Brasil tem historicamente cativado o público internacional com sua diversidade, simpatia e espírito acolhedor.

Além disso, no caminho inverso, viajar para outros países sem falar ao menos alguns termos essenciais dificulta a comunicação. Saber dizer "bom dia!", "água" e "banheiro" pode fazer grande diferença. Uma simples palavra inserida num contexto possibilita obteção do que se deseja ou sair de situações difíceis.

Essas e diversas outras observações, que mostram um enorme disparate entre o potencial que as pessoas e os negócios têm de gerar riquezas e a falta de interação com o ambiente externo me inspiraram a trazer um pouco da cultura internacional para o Brasil. E isso inclui línguas!

Temos redes sociais, transportes internacionais, canais de televisão e internet sem fronteiras. Mas a língua e a cultura ainda nos separam do mundo e de nossos interlocutores que, muitas vezes, podem ser clientes, parceiros, colegas e amigos, trocando experiências e nos fazendo crescer culturalmente.

Obviamente, minha intenção com este guia não é ensinar vinte línguas, o que seria impossível. Nem falo tantas línguas assim, mas conheço estruturas e as bases linguísticas, o que me permite, e de certo modo, me convida a compartilhar o conhecimento. O que pretendo é apresentar as línguas para seu uso como demonstração de interesse sincero pelo interlocutor estrangeiro, o que para o mundo dos negócios significa um diferencial competitivo. Para tal, apresentarei um pouco do que conheço sobre linguística, procurando facilitar o estudo com método e ferramentas eficazes, que ajudem você a assimilar termos de diversas línguas.

O momento em que você pronuncia ao menos algumas palavras na língua do seu interlocutor(a), você não está só se comunicando. Você está demonstrando interesse sincero por ela ou ele e por sua cultura. Você demonstra uma intimidade maior e tem muito mais chances de demonstrar legítima empatia, o que é o primeiro passo para ter uma conversa amigável, no ambiente dos negócios ou nas relações pessoais.

Assim, pretendo ajudar você a conhecer termos, métodos simplificados e exclusivos de pronúncia e técnicas consagradas de memorização para que possa você ter sucesso na comunicação com não brasileiros. Agradeço pela escolha desse livro. Parabenizo pelo interesse e desejo, sinceramente, sucesso nessa empreitada!

E, lembre-se: A língua conquista!

AGRADECIMENTOS AOS COLABORADORES

Há quem fale diversas línguas com muita facilidade e até afirme ter fluência. Esse não é meu caso, embora eu tenha estudado estrutura e léxico de vários idiomas e semiótica.

Viajei pelo Ocidente, onde encontramos línguas mais familiares como o inglês, o espanhol e o francês. Mas principalmente por regiões do Oriente em que o sentimento de se expressar nas línguas locais se apresenta novo e intenso. Russo, hindustani, hebraico e suaíle estão entre as línguas em que troquei plavras e frases simples.

Mas minha ousadia maior foi melhor expressa em tailandês e árabe – um verdadeiro mergulho cultural cuja sensação não se traduz. A realidade linguística do mundo árabe, por exemplo, é peculiar: escrita virtualmente única e falares que variam conforme a região. Este aspecto será abordado no livro e procurei mesclar o que aprendi para oferecer algo prático.

Continuei minha jornada brincando de falar palavras e frases em diversas línguas, o que quase sempre ajudou a quebrar o gelo e fazer amizades. Não poderia deixar de compartilhar essa possibilidade. E isso é o que pretendo com este livro.

Buscar termos no google, ou em livros de frase somente, não seria uma maneira eficaz para finalizar o trabalho proposto nesse livro. Basta buscar termos em persa, hebraico ou tailandês, por exemplo, e percebemos que é impossível utilizar o que aparece. As fontes precisam ser confiáveis. Ademais, podem existir variantes dialetais, ou até termos que mudam conforme o espaço e o tempo.

Por isso, ao desenvolver esse livro procurei fazer uma segunda conferência dos termos apresentados, com nativos e organizações experientes ou de referência.

Agradeço imensamente a colaboração de todas e todos mencionados a seguir, em especial as câmaras de comércio que desempenham um papel importantíssimo no apoio à internacionalização:

Saleh Hassan → Câmara de Comércio Árabe-Brasileira | traducaoarabe@globomail.com , ccab@ccab.org.br | www.ccab.org.br

Lina Xu → China Trade Center | info@chinatradecenter.com.br | chinatradecenter.com.br

Ticiana Scharcansky → Bióloga em Israel | fluente em português e hebraico

Pradeep Tawade → Escola Namaste Brasil, Friends of India & India Brazil Chamber of Commerce | namaste.com.br , friendsofindia.org.br & indiabrazilchamber.org (Colaboração coordenada por profissionais das organizações mencionadas)

Ambassador Adeniyi Sola Bunmi → Go Green Africa | gogreenafricainitiative@gmail.com | www.gogreenafrica.org

Victória Maria de Abreu Malatesta → Pedagoga Fluente em Japonês

Gilberto Ramos → Câmara de Comércio Brasil-Rússia | presidencia@brasil-russia.org.br | brasil-russia.org.br

Fernando Jacinto → Afrochamber | afrochamber.org | afrochamber@afrochamber.org

Gabriella Oliveira → Câmara Sueco Brasileira | brazil@swedcham.com.br | www.swedcham.com.br

Joe Kowit → Restaurante Tailandês ยำหนวด ตลาดพลู YumNuad Thaladplu em Banguecoque | www.facebook.com/YumNuadThaladplu

Maria Luiza Abbott → AJA Media Solutions, fluente em turco | ajasolutions.co.uk | contact@ajasolutions.co.uk

Especiais agradecimentos aos professores por suas aulas que contribuiram para o embasamento científico:

Profa. Dra. Isabel Victoria Galleguillos Jungk, orientadora em tema relacionado à Semiótica das Línguas Construidas a partir do "Allamej", mencionado neste livro;

Prof. Dr. Luis Mauro Sá Martino, meu orientador em Comunicação Intercultural de Organizações, condutor da disciplina que me instigou a produzir um artigo sobre o capital simbólico das línguas;

Prof. Dr. Oscar Angel Cesarotto, Coordenador do curso de pósgraduação em Semiótica Psicanalítica - Clínica da Cultura na PUC São Paulo; e

Prof. Dr. Winfried Nöth, linguista e semioticista, ex presidiente da Sociedade Alemã de Semiótica e autoridade internacional no tema.

Por fim, agredeço à minha família que me proporcionou elementos que aguçaram meu interesse pela vasta e bela diversidade cultural.

POR QUE SABER SOBRE LÍNGUAS É UM DIFERENCIAL?

Muitas vezes escutamos falar sobre línguas, mas raramente paramos para refletir sobre a importância que elas têm em nossas vidas. A língua é um dos principais elementos que separam os humanos dos outros animais. Além disso, é por meio dela que nossos pensamentos se engendram e que nossa cultura e conjunto de valores são obtidos. Grosso modo, somos o que somos muito graças à nossa língua.

Seja na psicologia cognitiva de Carl Wernicke ou na psicanálise de Sigmund Freud, aprofundada por Jacques Lacan, a língua tem um papel fundamental na formação do psiquismo e da cultura humana. Todavia, a humanidade é dividida em vários grupos etno-linguísticos, o que implica em diferentes culturas, valores e formas de pensar e se comportar.

A língua, suas estruturas e relações históricas e sociogeográficas foram exploradas por Ferdinand de Saussure, que abriu uma frente interativa com a Semiótica, que, de maneira simplificada, é o estudo de como os significados se formam. A língua tem um importante papel nessa ciência, visto que constitui um universo complexo do qual, pelo menos até hoje, somente os humanos têm supremacia – o universo simbólico (aparente, eu diria, já que outras espécies podem ter linguagens sofisticadas ainda pouco conhecidas pela ciência).

A língua implica em como os indivíduos interpretam o mundo e são interpretados. Assim, aqueles que falam nossa língua, ou ao menos pronunciam algumas palavras nela, demonstram maior proximidade e maior empatia em relação à nossa cultura. Eles interagem diretamente com algo de nossa intimidade, que estrutura nosso pensamento e ajuda a construir quem somos.

Conhecer um idioma estrangeiro lhe permite acessar outro universo psíquico, despertar interesse por diversas literaturas, conhecer as origens de elementos próprios de nossa e de outras culturas (como a religião, nomes de cidades, hábitos alimentares) e meios de comunicação, além de outras maneiras de pensar e encontrar um amplo leque de soluções para o dia a dia. Ademais, falar ao menos um pouco de outras línguas, além de ser um diferencial, pode oferecer inúmeras vantagens. Entre elas, posso destacar:

Cativar pessoas: assim como ouvir o seu nome, ouvir um estrangeiro falar palavras na sua língua materna passa a mensagem de interesse genuíno por você e por quem você é, já que a língua funciona como o "material de construção" do seu ser. Soa agradável. Portanto, aprender um pouco da língua de alguém com quem você vai se relacionar tem enormes chances de causar impacto inesperadamente positivo.

Conquistar clientes e amigos: grande parte das pessoas de negócio e empresários de diferentes culturas, conforme abordam autores da chamada "inteligência cultural", preza o relacionamento, o que tem a ver com o item anterior. Falar palavras na língua do seu cliente, ou receber estrangeiros em seu estabelecimento falando palavras na língua deles demonstra empatia e cordialidade. Pode ser visto como um diferencial competitivo em serviços. Imagine anfitriões de bares, restaurantes, hotéis e pousadas dando as boas-vindas na língua do cliente, ou surpreender o interlocutor estrangeiro da sua empresa usando algum termo na língua dele(a) no momento certo. Essas e outras possibilidades que se estendem até o campo pessoal de amizades podem fazer grande diferença.

Mais tranquilidade em viagens internacionais: Chegar a um lugar longínquo, e não conseguir falar ao menos algumas palavras na língua local, pode evocar sensações bastante desconfortáveis. Conseguir cumprimentar, se orientar, dizer o que quer, ou necessita pode fazer grande diferença e permite a interação com o público local. Além disso, pode despertar uma relação empática entre você e seus interlocutores locais, facilitando suas atividades e abrindo possibilidades para uma maior imersão em um universo cultural diferente do seu.

Desenvolvimento da memória: Entre as estratégias para evitar o envelhecimento do cérebro está o aprendizado de línguas e a memorização de palavras. O tema é bastante estudado na comunidade científica e mencionado na mídia, a exemplo da a BBC – *"Learning a second language 'slows brain ageing"* (Aprender uma segunda língua desacelera o envelhecimento do cérebro) e a *Revista Galileu* – "5 razões científicas para aprender outro idioma" – mencionando diversos benefícios à mente, entre estes: a diminuição do risco de desenvolver Alzheimer, o fortalecimento da memória, além de tornar a percepção mais aguçada. Memorizar palavras, frases e maneiras de se expressar em diferentes línguas é um excelente exercício para a memória, tanto para jovens quanto para idosos que desejam manter a agilidade mental. Existem jogos de memória para esse fim. Imagine melhorar a memória e aprender termos em diversos idiomas! É uma das propostas desse guia em integração com um aplicativo de jogos de memorização – *flashcards* – que apresenta cartões que funcionam como jogos de memória, interfaces de aprendizado, pronúncia com áudio para grande parte dos idiomas desse guia e exercícios para verificar sua evolução no aprendizado!

Ter prestígio: Falar outros idiomas, mesmo que um pouco, costuma demonstrar intelectualidade. Não raro, escuto as pessoas me chamarem de "gênio poliglota", embora honestamente eu tenha fluência em poucos idiomas, o que conto para elas. Assim mesmo a impressão fica. Pronunciar nomes de marcas, pratos e outras diversas palavras estrangeiras corretamente em um mundo globalizado demonstra conhecimento geral. Pode ajudar em diversas ocasiões, desde passar boa impressão em um encontro pessoal, como em uma entrevista de emprego ou relações profissionais e sociais.

Desenvolvimento da Inteligência Cultural: Quando se aprende uma língua, mesmo que superficialmente, com ela, vem uma bagagem cultural que é aguçada no momento do aprendizado. Por exemplo, se você estuda árabe pode se interessar pela cultura islâmica ou pelo cristianismo árabe. Se estuda grego, é provável que se interesse pela filosofia que influencia o pensamento ocidental até os dias de hoje. Esse interesse faz com que sua inteligência cultural aumente, tornando você uma pessoa mais bem informada, mais compreensiva e com mais capacidade de entender os fenômenos contemporâneos, que quase sempre tem relações com a cultura e sua história. Acrescento a isso a possível melhora das relações interpessoais.

Abolir preconceitos ou "ilusões": Quando desconhecemos algo, é provável que tenhamos algum "pré-conceito" a respeito. Por exemplo, se lermos "چطوری" /tʃetoré/, devido à escrita, podemos achar que seja uma frase em árabe, quando, na verdade, significa "como vai?" em persa (farsi), língua do Irã – antes chamado de Pérsia. Originalmente e estruturalmente, o persa não tem nada a ver com árabe. Só usa o mesmo alfabeto, assim como o português e o alemão o fazem, sendo línguas diferentes. O mesmo ocorre com a palavra

Allah, que muitas vezes é pensada como o "Deus dos muçulmanos", quando na verdade é simplesmente "Deus" em árabe, assim como *God* o é em inglês. Os muçulmanos de referem a *Allah* como o Deus de Abraão, de Jesus e de Maomé. Aliás, "Deus" em aramaico, língua que Jesus provavelmente falou, é normalmente pronunciado *Allaha*, bastante parecido com a versão árabe. O interesse por línguas tira os limites impostos pela parcialidade natural de nossa língua nativa, que traz consigo toda uma história e uma cultura. Abre a mente e nos faz descobrir coisas novas que podem até ter relação com o que pensamos na nossa própria cultura.

COMPREENDENDO AS ESCRITAS

Por que as escritas são tão diferentes?

Não temos culpa por pronunciar errado!

Volkswagen, Gucci, Louis Vuitton, Google, Samsung, Mitsubishi, Aljazeera e tantas outras marcas e termos em diferentes línguas aparecem nas nossas vidas quase que diariamente.

Algumas vezes, pronunciamos corretamente. Outras, quase corretamente. Mas é possível que em alguns momentos pronunciemos algumas palavras de maneira completamente diferente da pronúncia nativa. Mas por que isso acontece?

Primeiramente, é preciso entender a história da escrita, mas não, não farei esse extenso exercício neste guia. Mas contarei o suficiente para que compreendamos por que os povos escrevem de maneira diferente.

Um dos linguistas e semiólogos de destaque neste assunto é Ferdinand de Saussure. Eu não poderia deixar de mencioná-lo. Acredito que muitos linguistas ou semiologistas fariam o mesmo também, embora existam diversos outros autores que nos possam auxiliar no assunto.

Quando pensamos na origem da escrita do Ocidente e seu sistema de alfabeto, é importante que nos lembremos dos fenícios. Teoricamente, foram eles que inventaram aquilo que deu origem a muitos dos alfabetos que conhecemos. Do grego ao latino e cirílico, do hebraico ao árabe. Até no alfabeto usado na Coreia atual, houve alguma inspiração nas escritas desenvolvidas a partir da Fenícia.

Ocorre que os fenícios não escreviam vogais, apenas consoantes. Então, grosso modo, meu nome seria grafado com as letras correspondentes a RDRG (Meu nome é Rodrigo, só para lembrar). Embora pareça algo estranho, para a época era considerado uma evolução, já que algumas escritas usavam logogramas para escrever, como os egípcios e os chineses, por exemplo.

Para entender o que são logogramas, hoje usamos um sistema não muito diferente – os *emoticons*. Quando escrevemos ☹ ou ☺ compreendemos o que quer dizer, independentemente da língua. Há a vantagem de povos de diferentes línguas compreenderem.

Entretanto, como grafar os sons para podermos mostrar plural, conjugação, pronúncia do nome dos lugares, etc.? Esta foi a vantagem da criação dos fenícios. Ainda assim faltavam as vogais.

Povos semitas como os hebreus, os assírios e os árabes se inspiraram nos fenícios e priorizaram as consoantes. Mais tarde usaram algo como "acentos" ou sinais gráficos nas consoantes para indicar vogais. Mas, no Ocidente, foram os gregos que começaram a grafar as vogais como letras independentes e não só isso – cada letra passou a corresponder a um som.

Assim, a palavra γραφία – /grafia/ – "escrita" era escrita exatamente da maneira que era pronunciada, ou seja, cada letra correspondia a um som incluindo as vogais. Muitos povos gostaram da ideia e passaram a adotar o sistema.

O alfabeto latino usado em grande parte das línguas europeias ocidentais e o cirílico usado para escrever russo e outras línguas eslavas se inspiraram nessa regra para escrever do jeito que se falava – cada letra correspondendo a um som. Mas por que hoje temos línguas como o inglês em que *laugh*, por exemplo, se pronuncia como **läf** – algo parecido com "léf"?

O assunto tem muito a ver com a difusão das línguas pelas nações e impérios e com a concentração da literatura nas classes mais elevadas. Os povos, sem referência escrita, iam falando livremente o que começou a variar a maneira de se falar de região para região. Além disso, as classes com menos acesso à educação, que era a maioria, frequentemente desconheciam a língua formal ou polida, sendo mais propensas às falas regionais, que chamamos de dialetos. Os dialetos correspondem às subdivisões das línguas. No Brasil, há o dialeto paulistano, o fluminense, etc.

Um exemplo clássico é a língua latina falada em todo o império romano, que se estendia por toda a Europa, Oriente Médio e Norte da África. Com o tempo territórios foram perdidos e onde a língua latina foi mantida, as pessoas não falavam como a elite estudada o fazia. Aos poucos foram firmando suas próprias línguas regionais como o catalão, o espanhol, o francês e o português.

Entre os escritores pioneiros a escrever na língua cotidiana, o que chamamos de vernácula, foi Ramon Llull, que no século XIII, produzia literatura em catalão, quando as línguas formais mais usadas na Espanha eram o Latim e o Árabe.

Nesse processo de emancipação das línguas, algumas regiões fundaram academias de letras para determinar as regras de escrita enquanto outras, não. Alguns povos queriam manter a escrita antiga, mas falar como no dia a dia. Outros atualizaram a escrita para a fala cotidiana e outros fizeram uma mistura.

Um dos exemplos de maior diferença entre a escrita e a pronúncia é a língua inglesa. Com origem no germânico, influência celta, nórdica, depois latina, francesa, grega entre outras, o inglês se tornou uma língua bastante irregular em como grafar os sons. Algumas vezes, os escritores queriam que a língua parecesse com o latim para ter mais prestígio. Outras queriam manter a escrita antiga de palavras que já eram pronunciadas de maneira muito diferente. Por último, alguns reformistas propuseram mudanças. O resultado, já conhecemos: nem um falante nativo consegue prever com precisão como uma palavra escrita em inglês é pronunciada, somente a partir da escrita. Em maior ou menor grau, esse efeito aconteceu em diversas outras línguas, com poucas exceções.

Já o árabe clássico, por exemplo, conseguiu manter um vínculo fonético entre a escrita e a pronúncia que se aproxima da máxima exatidão. Todavia, a linguagem falada difere consideravelmente entre os mais de vinte e dois países que falam árabe. Assim, a língua escrita se mantém unificada no árabe clássico, usado no Alcorão, na Bíblia e em praticamente toda escrita formal, inclusive a aprendida nas escolas. Existe também o árabe chamado de "padrão", baseado no clássico, porém, mais simplificado. No dia a dia, cada povo fala seu dialeto. Aparentemente, grande parte dos árabes compreende bem os dialetos falados no Egito e no Líbano (esse em menor grau), devido à grande quantidade de produções cinematográficas e musicais desses países.

Como se percebe, cada língua tem sistemas bastante próprios para representar o que é falado. Assim, para que consigamos imaginar a pronúncia correta ou ao menos aproximada das línguas apresentadas nesse livro, é necessário que se adote uma transcrição fonética que seja mais simples possível.

Como Pronunciar Diferentes Línguas

O método usado nesse guia

Esse guia apresenta mais de vinte línguas, escritas nas mais diversas formas, cada uma com sua maneira peculiar de se pronunciar.

Falantes da língua portuguesa, também conhecidos como lusófonos, possuem sua maneira própria de pronunciar as palavras, tendo sons próprios de sua língua ao mesmo tempo que podem desconhecer sons presentes em outras línguas. Imagine quando estamos tratando de vinte línguas diferentes espalhadas por todos os continentes.

Representar graficamente a pronúncia de diferentes línguas é uma questão antiga, que foi solucionada pela criação do Alfabeto Fonético Internacional (AFI) elaborado pela Associação Fonética Internacional. Informações sobre ele podem ser obtidas no *website* oficial da organização ou até mesmo no Wikipedia, que tem um artigo bastante informativo para quem quer conhecer mais sobre o assunto:

Associação Fonética Internacional (em inglês)

Alfabeto Fonético Internacional (Wikipedia)

Eu poderia usá-lo para transcrever as línguas neste guia, o que seria um ganho a mais, visto que você, além de aprender a falar termos básicos em diversos idiomas, aprenderia também a reconhecer os símbolos do alfabeto fonético internacional, usado para transcrever os sons de línguas em diversos dicionários e enciclopédias. Você pode ver no Wikipedia como exemplo.

Entretanto, o AFI apresenta algumas representações gráficas que poderiam ser confundidas com a nossa maneira de representar e pronunciar sons. Um exemplo disso é o fonema [j] que no AFI representa o som de "i" em ditongos, quando tem o papel de semivogal.

Embora não seja o recomendável, imagino algum leitor

desavisado indo direto para a parte do livro que lhe interessa e não conseguir sequer imaginar como se pronuncia a palavra. Além disso, quanto mais diferentes os símbolos, mais difícil se torna a memorização.

Para simplificar, apresentarei uma forma alternativa de transcrição fonética baseada em soluções encontradas nas próprias línguas apresentadas neste livro.

A transcrição fonética que utilizarei não é exatamente o que um linguista mais ortodoxo apresentaria, mas é certamente o suficiente para ajudar o leitor a obter uma pronúncia adequada para ser compreendido. Basta seguir as orientações aqui apresentadas.

Por outro lado, a assimilação pode variar de pessoa para pessoa, tanto da facilidade do falante em produzir novos sons quanto de ouvintes de perceber sons que não são pronunciados exatamente como no contexto do seu dia a dia, das línguas que conhece.

Contudo, o que pretendemos aqui é surpreender nosso interlocutor por meio da demonstração de interesse sincero por ele(a) e sua cultura, falando algumas palavras em sua língua, além de conhecermos o vocabulário essencial em diversas línguas, o que pode ser útil em viagens internacionais.

A seguir, demonstramos como vamos apresentar a transcrição fonética dos termos, seguido de como ela é representada no AFI entre colchetes [], para conhecimento e, por fim, explicando como obter a pronúncia próxima da correta. É importante lembrar que a explanação da pronúncia é aproximada, mas não exata, assim mesmo é uma boa maneira de se prever e imitar som da outra língua.

Além disso, os termos das várias línguas apresentadas neste guia foram replicados em uma ferramenta de memorização bastante eficaz, conhecida como *flashcards*. O aplicativo que usamos é o Quizlet. Grande parte das línguas apresentadas no guia apresentam auxílio de leitura nos *flashcards*. Assim, você poderá escutar a pronúncia dos termos e é recomendável imitá-la de maneira mais fiel possível. O uso será explicado a seguir. Vamos agora ao nosso alfabeto para ler as mais de 20 línguas!

Para facilitar a identificação do som, você pode digitar ou copiar e colar as palavras que forneceremos como exemplos na língua correspondente do *Google Translator*, que se encontra em translate.google.com ou em aplicativo para *mobile*. Lá você clica no ícone de "som" próximo à língua selecionada.

Vogais

As seguintes vogais podem ser pronunciadas como em português, mas sempre fechadas: **a** [a], **e** [e], **i** [i], **o** [o], **u** [u].

As letras **e** e **o** sempre fechadas e **a** sempre aberto, exatamente como são pronunciadas na nossa língua irmã, o espanhol. Quando forem pronunciadas diferentemente, usaremos os seguintes símbolos:

- **ạ** [ə] ou [ə] fechado como **a** em "cama" ou u na palavra inglesa nurse. Perceba que é diferente de a em "**a**mor" cuja transcrição é **a**.

- **ẹ** [ɛ] aberto como **e** em **e**la ou pan**e**la ou no termo inglês "hair". É diferente do e pronunciado em "ele" para o qual usaremos **e**.

- **ɪ** [ɪ] este é i caso do **i** um pouco mais aberto como no inglês "it" – **ɪt** que é diferente de eat – **iit**. Exemplos:

Inglês: peixe → fish, (fɪş)

Inglês: isto, ele ou ela → it (ɪt)

- **ọ** [ɔ] sempre aberto como em **o**vos ou em inglês **o**ff.

- **ä** [æ] semelhante ao **ẹ**, porém um pouco mais aberto. É usado em diversas palavras em inglês, como:

Alemão: Bagagem → Gepäck (gepäk)

Inglês: pai → dad (däd)

Inglês: homem → man (män)

- **ị** [ɯ] neste livro, este som somente é encontrado em turco, chinês e no tupi-guarani. É um som feito sem projetar a boca para nenhuma outra vogal. O mais próximo que temos dele em português é o som **ạ** (a em cama) só que mais fechado tentando aproximar-se do **i**. Os turcos escrevem este som com a letra ı (i sem o pingo, semelhante ao símbolo do AFI). No Brasil, os jesuítas usavam o **y** para escrever o tupi-guarani. Exemplo:

Turco: Como vai? → Nasılsınız? (nasịlsịnịz)

- **ö** [œ] este som é pode ser descrito como uma mistura de **e** e **o**.

Exemplos:

Alemão: Aberto → Geöffnet (geöfnet)

Francês: Azul → Bleu (blö)

- **ü** [y] obtemos o som misturando o som de **i** e **u**. Exemplos:

Alemão: Chave → **Schlüssel** (şlüsel)

Chinês: Esposa → 女人 (nǚrén)

Francês: Fruta → **Fruit** (frü)

Turco: Por favor → **Lütfen** (lütfen)

- ~ Todas as vezes que a vogal levar este acento significa que será nasalizada. Atenção para o **ã**, que em português do Brasil pronunciamos, na verdade, **ą̃**. Da mesma maneira temos de tomar cuidado com as consoantes **m** e **n** depois de vogais. Costumamos nasalizar, o que não ocorre em muitas línguas. Por exemplo, a palavra Belém, pronunciamos **Belẽŋ** e "**anjo**", seria algo como **ą̃ju**.

Consoantes

Como em português:

As seguintes consoantes são pronunciadas como em português: **b** [b], **d** [d]*, **f** (f), **g** [g]*, **j** [ʒ], **k** [k], **l** [l]*, **m** (m)*, **n** [n]*, **p** [p], **r** [r]*, **s** [s]*, **t** [t]*, **v** [v], **z** [z].

Perceba que, com a exceção do **j**, todas as demais letras são representadas da mesma maneira no AFI. Além disso, usamos um "*" para apontar algumas observações sobre como pronunciaremos essas letras sem modificá-las, como fazemos em português.

- **d** [d]* e **t** [t]* - Em algumas regiões do Brasil, a exemplo de São Paulo,   Rio de Janeiro e Salvador, as pessoas comumente mudam o som dessas letras antes do som de **i**. Exemplo: "dia" é pronunciado **djia**. Isso não deve acontecer quando fizermos a leitura de nossa transcrição fonética. Exemplos:

Alemão: Por favor → Bitte (bite) nuna (bitşi)

Espanhol: Direto → Directo (direkto) nunca (djiręktu)

- **g** [g] é pronunciado sempre duro, ou seja, oclusivo, mesmo que antes de "e" ou "i". Assim, "gema" transcrevemos como pronunciamos, ou seja, **jema**. O mesmo com a palavra inglesa *pleasure*, que ficaria **pléjaṛ** (já falaremos do **r**). Do mesmo modo, o não usararemos **u** antes de e para que o som seja oclusivo. Exemplo "gueto" ficaria **getu**.

- **m** (m), **n** [n] – Os lusófonos e os francófonos (quem fala francês) têm o hábito fonético de normalmente nasalizar as vogais que vêm antes de **m** ou **n** e deixam de pronunciá-las na sua integridade. Isso é incomum na maioria das línguas em que o **m** e o **n** devem ser pronunciados. Os hispânicos frequentemente têm dificuldade de pronunciar ou até mesmo compreender o português por vários motivos, e esse é um deles. Do mesmo modo, quando falamos outras línguas, tendemos a nasalizar esses sons, o que dificulta a compreensão dos nativos. Vamos a alguns exemplos:

Alemão: Não → Nein (nayn)

Árabe: Banheiro → حمام (ħamaam)

Espanhol: Pão → Pan (pan)

Espanhol: "en Brasil" cuja pronúncia é **en brasil**, normalmente pronunciamos **ẽ braziw**, o que para os hispânicos é bastante diferente e, dependendo do caso, pode ser incompreensível.

Chinês e outras línguas orientais: a nasalização de **m e n** não só dificulta a compreensão. Ela pode mudar profundamente o significado! Por exemplo, a cidade chinesa "Shanghai" é pronunciada **şaŋ ĥay**, e não "ş**ã**ŋ-gi-hay". Quase sempre o som **ng** no fim das palavras chinesas e tailandesas têm o som nasal **ŋ**. Já **m e n** devem ser pronunciados plenamente.

Árabe: cuidado حرام **ĥaraam** (pecado em árabe) não é "rarã" nem **harã** ou **haraŋ** ! Poderíamos citar diversas outras línguas aqui, mas ficaria demasiado cansativo. O importante é saber diferenciar os sons de **m, n e ŋ**.

r [r] – Poucas línguas têm tanta variedade de pronúncia para o "**r**" quanto o português. O **r** que usaremos na transcrição fonética é aquele cujo som está na palavra "Pará", ou seja, fraco. Quando está no começo da palavra ou quando são dois "rr" pronunciados no Brasil, pronunciamos [h], cujo símbolo aparecerá idêntico ao que consta do

AFI. Exemplos são "rua" – **hua**, "arraial" – **ahayaw**. Há regiões do Brasil e de Portugal em que este **r** é pronunciado mais forte, o mesmo que é usado em francês ou alemão que no AFI é **ʁ**. Usaremos o mesmo símbolo. No fim de palavras, no sotaque carioca, ainda encontramos outra variedade de **r**, que é a versão conhecida pelos linguistas com "surda" da **ʁ** e corresponde ao **j** do espanhol. Ela é muito comum em alemão, árabe e chinês, por exemplo, e a representaremos com **ĥ**. Atenção também deve ser dada ao encontro **rr**. É como se pronuncia **r** de em "caro" duas vezes – vibrando a língua por mais tempo.

Consoantes Inexistentes em Português

- **đ** [ð] é uma das versões do dígrafo **th** bastante usado em inglês em palavras como "that" **đät**, "those" **đạwz** e "they" **đey**.

Inglês: Eles → They (đey)

- **ł** [ʎ] deve ser pronunciada como **lh** em português ou **ll** em espanhol.

- **ħ** [ħ], neste livro, a única língua que apresenta este som é o árabe. É a versão do h pronunciado no fundo da garganta, mas sem raspar como o **ʁ**.

- **ṛ** [ɽ, ɻ ou ɺ], em algumas línguas, como inglês, tupi-guarani e hindustani, algumas consoantes podem ser pronunciadas com a língua no palato e por isso são chamadas de retroflexas. O r do inglês e do dialeto sertanejo do Sudeste brasileiro é normalmente pronunciado dessa maneira. Usarei um ponto abaixo das consoantes palatais ou retroflexas. Exemplos:

Porta (no dialeto sertanejo ou, também chamado de "caipira") – **poṛta**

- **ş** [ʃ] – Existe uma grande confusão com este som. Em português pode ser x, ch. Em inglês sh, em alemão sch e diversas outras línguas usam outros sons. Para facilitar, me inspirei no turco e no romeno. Exemplos são: coisas (no carioca ou no português europeu e africano) **koyzaş**. Se escrevêssemos assim não teríamos que nos preocupar com as palavras "chá" **şa**, "xícara", **şikara** ou "exercício" **ezersísyu**.

- **ŧ** [θ] – Este é o caso do dígrafo "th" no inglês "think" **ŧınk**.

Inglês: Obrigado → Thank you (ŧänk yạw)

- **ŝ** [ɕ] – Representa o som de **ch** no alemão em "ich" e o **x** do chinês em "**xiǎo**"

Alemão: Eu → Ich (iŝ)

Alemão: Direita → Rechts (ʁęŝtz)

Alemão: Feio → Hässlich (häsliŝ)

Paradas glotais

-' [ʔ] – Esse símbolo representa a parada glotal existente em línguas como o árabe, hebraico e o tupi-guarani. É a parada do som que divide duas vogais semelhantes à expressão "o-ou", usada quando algo dá errado. A transcrição desse som seria "**o'ow**" diferente de "**oow**", que seria o som "**o**" prolongado e contínuo.

Árabe: Agora → اَلْآَن [äl-'ään]

Árabe: Avião → طائرة [ṭá'era]

- ' [ʕ] – Pode-se dizer que essa é uma versão um pouco mais alongada que não chega a parar. É um som que quase não percebemos, feito com a compressão da garganta ao se pronunciar uma vogal.

Árabe: Sim → نَعَم [na'am]

Árabe: Restaurante → مَطعَم [mát'am]

Caso não consiga pronunciar, não há problema. É provável que seu interlocutor compreenda você a partir da pronúncia das vogais apenas.

Tons

Muitas pessoas entram em pânico quando escutam dizer que dependendo do tom que uma palavra é pronunciada em chinês seu significado muda. Por exemplo: Um caso que sempre escuto é que *"ma"* pode significar "mãe" ou "cavalo" dependendo do tom. O que é verdade. Eu posso ir ainda mais longe. A palavra tailandesa *"klay"* pode significar perto ou longe dependendo do tom!

Da mesma maneira, hispânicos costumam estranhar a diferença entre as palavras "avô" e "avó" em português, já que em espanhol só existe uma pronúncia para "o". Isso se deve ao fato de que o português tem características fonéticas estranhas a eles. Do mesmo modo, os tons de línguas como chinês, tailandês e iorubá parecem estranhos para nós. Todavia, pode ser que nem tanto. Também usamos tons ou entonações, só que usamos em situações diferentes.

Usemos, por exemplo, a palavra "ta", sem acento por enquanto, como uma contração da palavra "está". Imaginemos fazer uma pergunta com "ta", do tipo "O chefe tá? Normalmente quando fazemos essa pergunta usamos um tom crescente. Nesse caso, usaremos o acento agudo para indicar o tom crescente. Ficaria:

Crescente: tá → Verifique a palavra chinesa no leitor do Google: 答(tá), significa responder.

Agora, imaginemos que achássemos que o chefe não está, mas alguém diz que sim. Assim mesmo nós duvidamos. Costumamos fazer uma pergunta com um tom que cai e logo aumenta, o que significa uma pergunta de surpresa. Indicaremos da seguinte maneira:

Cadente-ascendente: tă → Verifique a palavra chinesa no leitor do Google → 打(tă) significa atingir ou acertar.

De repente, passa a secretária do chefe e diz de maneira firme que ele está:

Cadente: tà → Verifique a palavra chinesa no leitor do Google: 大(tà) significa grande.

Perplexa, sua colega de departamento diz que sim, ele está, com a conotação: "danou-se", temos coisa para entregar! É um "ta" alto e prolongado:

Alto: tā → Verifique a palavra chinesa no leitor do Google: 搭 (tā) significa levar ou construir.

Por último, outro colega lhe pergunta se ele está mesmo. Você responde um "ta" querendo dizer – "a nossa colega já falou que que está". Ênfase afirmativo no ta:

Ascendente-cadente: tâ → Como esse tom não é usado no chinês (mandarim), verifique a palavra tailandesa no leitor do Google: ท่า (tâa), significa gesto ou postura.

Pronunciando palavras estrangeiras famosas

Depois de criarmos uma escrita mais fonética em que cada símbolo corresponde a um som, vamos rever a pronúncia de algumas palavras estrangeiras que estão no nosso cotidiano. Às vezes, as explicações podem parecer repetitivas. Lembre-se de que isso é ótimo! Ajuda a memorizar. Separemos por línguas:

Volkswagen

Como normalmente pronunciamos: /vowkisvágẽŋ/

Como é pronunciado na língua nativa /folksvágạn/

Xiaomi

Como normalmente pronunciamos: /şawmi/

Como é pronunciado na língua nativa /ŝyǎwmì/ (os acentos relacionados aos tons constam da seção relacionada ao chinês)

Le Roy Merlin

Como normalmente pronunciamos: /leroymerlĩŋ/

Como é pronunciado na língua nativa /lö ʁwa meʁlẽ/

Gatorade

Como normalmente pronunciamos: /geytoréydji/

Como é pronunciado na língua nativa /géyrạreyd/

Khan El-Khalili - خان الجليلي

Como normalmente pronunciamos: /kã ẹw kalili/

Como é pronunciado na língua nativa /ĥaan äl-ĥaliili/. O "kh" é muito usado na transcrição do som de "ĥ" em muitas línguas.

LÍNGUAS PELO MUNDO

A Geografia das Famílias Linguísticas

A maior parte dos mapas-múndi nos mostra os países e suas fronteiras. Entretanto, as fronteiras dos países não têm relação exata com a distribuição geográfica das línguas faladas pelo mundo. Países como Índia, Nigéria e Rússia, entre diversos outros, apresentam uma grande diversidade de línguas, algumas delas bem diferentes umas das outras, o que impediria a comunicação entre seus falantes, caso não conhecessem segunda língua comum a todos.

Podemos prever a semelhança entre as línguas pelo que é chamado de "família linguística". Duas ou mais línguas pertencerem à mesma família linguística, teoricamente, quer dizer que ambas já foram uma língua única no passado. Por exemplo, o português, o espanhol e o italiano antes de se diferenciarem formavam o latim. Até hoje, podemos notar semelhanças entre essas três línguas, o que não pode ser verificado entre o português e o turco ou o tupi-guarani, por exemplo.

As estruturas e formação histórica dessas três línguas apresentam linhas diferentes, mesmo que uma língua possa tomar emprestado vocabulário de outra, o que é bastante comum. O português tem milhares de palavras do tupi-guarani, assim mesmo continua sendo uma língua latina, por sua história, estrutura e vocabulário majoritário.

Outro exemplo é a língua inglesa, que tem grande parte do seu vocabulário latino. Assim mesmo, preserva seu vínculo histórico e estrutural com as línguas germânicas.

Seria muito difícil desenhar um mapa apontando a distribuição de milhares de línguas espalhadas pelo mundo. Todavia, é possível apontar um mapa de famílias linguísticas, o que demonstra a semelhança linguística e, de alguma maneira, cultural dos povos.

Para efeito de ilustração da distribuição geográfica das famílias linguísticas pelo mundo, baseei-me na classificação de Hans

Joachin Störig para desenvolver os mapas a seguir.

O primeiro mapa apresenta a distribuição geográfica das 33 famílias linguísticas, além das ainda não classificadas, concentradas principalmente nas Américas. Para a legenda, procurei usar ícones que tenham a ver com a cultura de cada família linguística ou que tenham relação com o ambiente natural onde se situam no mapa, como animais por exemplo. Não é incomum que culturas usem animais em seus brasões e outros símbolos.

Entretanto, não existe uma ligação exata entre cada cultura e os ícones que criei deliberadamente para representá-las. Muitas famílias linguísticas abraçam diversos povos, como por exemplo, os indo-europeus que se estendem desde a Europa até a Índia. Assim, embora haja alguma ligação entre os ícones que escolhi e as culturas que representam, eles são meramente ilustrativos e servem para identificação das famílias linguísticas nos mapas.

Além disso, não há uma delimitação geográfica precisa onde as famílias geográficas estão situadas, mas é um exercício interessante comparar o mapa linguístico com o político e seus movimentos históricos. Daí pode se extrair diversos aprendizados.

A classificação apresentada no mapa baseado em Störig pode não ter aceitação unânime pela comunidade linguística devido a algumas vertentes de pesquisadores que classificariam algumas famílias linguísticas de maneira diferente. Além disso, é preciso mencionar que, principalmente nas Américas e na África, é retratada a situação pré-colonial. Hoje, grande parte dessas áreas tem falantes de línguas indo-europeias como o inglês, o espanhol, o francês e o português.

Se o mapa apresentado fosse modificado, incluindo as línguas que são faladas hoje como primeira ou segunda língua, as Américas e grande parte da África teriam participação significativa de línguas indo-europeias. Restariam poucas regiões de línguas de outras famílias que tenham mais de 100 milhões de locutores, entre as quais: o árabe, o chinês, malaio-indonésio, as línguas turcas e, talvez, o suaíle.

Para melhor compreensão, dividi o mapa-múndi a seguir em quatro, o que permite visualizar famílias distribuídas com melhor detalhamento. Escolhi enumerar os mapas de acordo com a hipótese das sequências migratórias do ser humano, segundo as quais, surgiu na África, indo para o Oriente-Médio, Europa, Ásia e, por último, as Américas, somente para efeito de ordem para que não haja interpretação de superioridade ou inferioridade entre os povos.

Já para os comentários sobre cada mapa, usei minha experiência no assunto, obtida ao longo de anos, somada à linguística, sem me aprofundar muito, mas abordando o suficiente para fornecer algum conhecimento que possa ser útil.

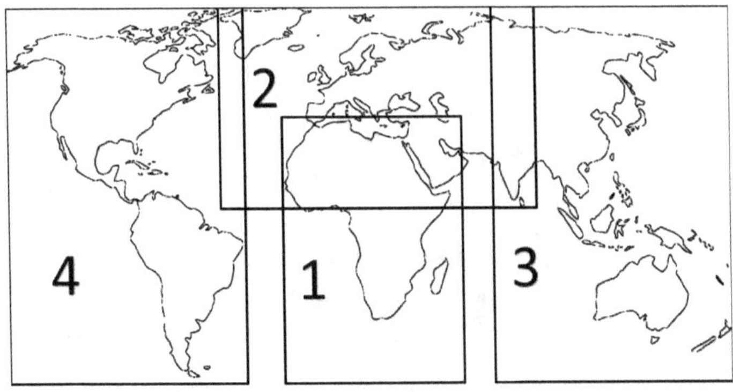

ÁFRICA E ORIENTE MÉDIO

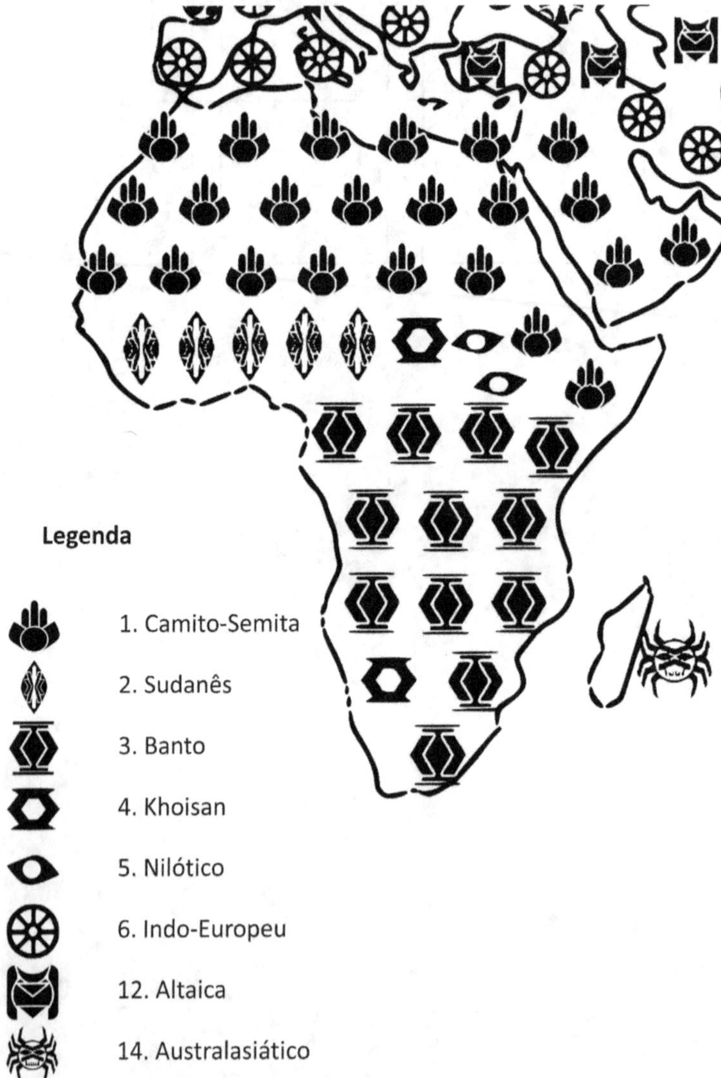

É comum ouvirmos nos países da América, a exemplo dos E.U.A. e do Brasil, os termos *"African-American"* ou afrodescendente. Estes termos podem dar uma classificação quanto à origem provável do indivíduo em relação ao continente de seus ancestrais, mas têm pouco a dizer sobre a que grupo étnico pertenciam e menos ainda que língua falavam.

A África apresenta grupos cujas classificações etnolinguísticas têm tanto em comum quanto às dos alemães e dos chineses, ou as dos árabes e dos nórdicos, ou seja, praticamente nenhuma.

A África tem populações mais brancas, outras pardas e outras de pele mais escura, subdivididas em milhares de línguas. Mas para efeito de classificação, existem os grupos de famílias linguísticas que nos servem de base para identificar ancestralidade linguística e, às vezes, cultural.

Camito-Semita

A família Camito-Semita abrange diversas línguas e etnias. A língua mais falada dessa família é o árabe, que se estende por todo o norte da África até o Oriente Médio, tendo mais de trezentos milhões de falantes. Outras línguas dessa família são o amárico da Etiópia, o hebraico, as línguas chamadas berberes (Tuaregue, Cabila, etc.), o egípcio antigo e o Hauçá falado pela população principalmente islâmica do norte da Nigéria. Dentro dessa família, também estão línguas antigas como o acadiano falado na Mesopotâmia e antiga Babilônia, e o aramaico, língua que Jesus Cristo teria falado.

Entre as características mais marcantes de grande parte dessas línguas, principalmente as semitas, é a raiz sígnica ligada a três consoantes. Isso quer dizer que a base do significado das palavras está ligada a três consoantes e que é modificada a partir da inserção de vogais e/ou afixos, entre elas, que formam palavras novas. Exemplos:

Árabe: ك ت ب / **k t b** / "escrita", كتب (**kataba**) "escreveu", كتاب (**kitaab**) "livro", مكتوب (**maktuub**) "escrito". (A escrita árabe é grafada da direita para a esquerda).

Hebraico: כ ת ב / **k t v** / "escrita", כתב (**katav**) "escreveu", כתב (**ktav**) "livro", מכתב (**miĥtav**) "carta". (A escrita hebraica também é grafada da direita para a esquerda).

As escritas nos alfabetos originais do árabe e do hebraico normalmente grafam apenas consoantes ou vogais longas. Assim, muitas palavras pronunciadas de forma diferente podem ter grafias idênticas. Esse é um dos principais problemas no intento de tradução exata de escrituras antigas dessas línguas, como a Bíblia, o que causa vários debates e torna-se necessário compreender a cultura local da época para decifrar o que realmente os autores quiseram dizer.

A pronúncia das palavras nos exemplos apresentados permite uma rápida identificação de semelhanças, reforçando o parentesco.

Sudanesas ou Atlântico-Congo / Volta-Niger

É importante frisar que essa família não se trata das línguas faladas no Sudão. A palavra "Sudão" e suas derivadas vêm da palavra árabe سودان (**sudaan**), que tem a mesma raiz da palavra أسود (**áswad**), que significa preto ou negro. Faz referência aos povos ao sul do Saara e foi transmitida às línguas europeias, incluindo o inglês, o francês, o português, etc.

No entanto, o termo sudanês usado na história, para efeito etnolinguístico é impreciso. Atualmente, entre os termos mais apropriados está o Volta-Niger, que embora possa também ser classificado como Niger-Congo, este último também engloba as línguas chamadas bantas que possuem características diferentes.

Entre as línguas mais faladas da família volta-níger está o iorubá, principal língua do sudoeste da Nigéria e grande parte do Benin. Também é a principal língua usada nas religiões de matriz africana no Brasil, onde também é conhecida como nagô ou pajubá. É usada com a mesma finalidade em diversos países do continente americano. Como curiosidade, essa, assim como outras línguas usadas por grupos oprimidos no histórico colonial, também contribuiu com vocábulos usados por grupos que se intitulam LGBTQ +.

É uma língua tonal, ou seja, de acordo com o tom que você pronuncia uma palavra, ela pode ter diferentes significados. Por exemplo, **o** quer dizer "você" (informal), enquanto **ó** quer dizer ele ou ela. Esta tonalidade é bastante expressiva. O falar assemelha-se a um cantar cujas notas mudam o significado das palavras e das frases.

Um aspecto fácil é que os verbos não conjugam como nas línguas latinas. Também não se usam tantas flexões como plural, terminações de masculino ou feminino e suas concordâncias.

Outras línguas da família são: igbo, bini, fon e ewe, que geralmente apresentam os principais traços característicos da família, presentes no iorubá.

Bantu

A família bantu está entre as mais importantes da África. Ela abriga a língua africana mais usada em contextos interculturais e tem sido adotada como oficial por diversos países do leste africano: o Suaíle.

Assim como o português tem os gêneros masculino e o feminino, as línguas bantas apresentam diversas classes de palavras que, em alguns casos, passam de 15, incluindo o plural! Além disso, verbos e adjetivos fazem concordância com as classes dos substantivos. A diferença é que em vez de terem terminações, as classes são indicadas no início da palavra.

Por exemplo, livro em suaíle é **kitabu** e pequeno é **-dogo**. Para dizer "livro pequeno", devemos concordar o adjetivo com o substantivo: **kitabu kidogo**. O plural da classe que começa com **ki-** é feito com **vi-**, assim livros pequenos diríamos: **vitabu vidogo**.

Com essa lógica, os pronomes demonstrativos do suaíle que correspondem a este/esta/estes/estas chegam a quatorze, que devem concordar com as iniciais de seus substantivos.

Existem diversas outras línguas da mesma família e, portanto, com funcionamento semelhante. Um exemplo é o quimbundo – a língua banta de grande parte dos africanos que vieram para o Brasil durante o período colonial. Muitas eram faladas nos quilombos. Ainda hoje, o candomblé praticado no Brasil é dividido em nações de origem. Normalmente é chamado de "ketu", quando a origem é iorubá, e "angola" quando a origem é banta.

Outras línguas famosas nessas famílias são o Zulu, língua negra mais falada na África do Sul e o Xhosa, a língua nativa de Nelson Mandela.

Outros grupos linguísticos da África

Os nilóticos e os khoisan são os últimos grupos apresentados em nosso mapa africano. Estes últimos são os povos que habitavam o sul do continente antes de os povos bantos chegarem. Entre as características de sua língua está o extensivo uso de cliques com a língua, que podem ser interpretados como consoantes. Teorias demonstram que os povos khoisan teriam influenciado as línguas bantas faladas na África do Sul, como o Xhosa e o Zulu, que usam cliques que se comportam como consoantes. Seus sons podem ser percebidos em músicas de grandes ícones da música sul-africana como, por exemplo, Miriam Makeba.

Oriente Médio

O Oriente Médio é uma região que pode causar muitas confusões. Muita gente confunde árabes com turcos e iranianos. Os povos de etnia turca falam uma língua altaica, como veremos mais adiante. Já os iranianos falam persa que é uma língua indo-europeia, assim como o português, o inglês e o grego, como também veremos a seguir. Portanto, esses grupos não têm nada a ver um com o outro em termos linguísticos, o que influencia muito em como se percebem culturalmente uns em relação aos outros.

EURÁSIA

Legenda

 6. Indo-Europeu

 7. Basco

 8. Urálico

 9. Caucasiano

 10. Dravidiano

 11. Sino-Tibetano

 12. Altaica

A *família indo-europeia*

O nome da família faz uma ligação entre a Índia e a Europa. Para quem não estudou linguística, um vínculo cultural entre estas duas regiões pode ser uma surpresa, mas é o que a ciência das línguas já descobriu há muito tempo e hoje não resta a menor dúvida – até nós mesmos podemos perceber a semelhança entre elas.

Para se ter uma ideia, a frase "Meu nome é" em hindi, a língua nacional e mais falada da Índia, pode ser transcrita em alfabeto romano: **Mera nam hẽ**. Os números "um, dois, três, quatro" são: "**ek, do, tiin, tşar**". Se a primeira vista não se parece muito com o português, tente comparar com outras línguas asiáticas. Os linguistas têm métodos de comparação considerando a evolução fonética e estrutural em cada área geográfica, que se estende desde a Europa Ocidental até a Ásia via Rússia e Índia, passando pelo Irã, antes conhecido como Pérsia.

As semelhanças linguísticas entre o norte da Índia e a Europa foram analisadas a partir das línguas clássicas das duas regiões: o latim, o grego e o sânscrito – a língua ancestral das línguas do norte da Índia, algo como o "latim" indiano. Nela e em suas descendentes muito da filosofia indiana foi escrita, incluindo os "Vedas" e os textos budistas. Hoje, já se sabe que até mesmo a mitologia hindu tem vínculos com sua correspondente europeia.

Essa grande família é bastante utilizada pelo pai da linguística e da semiologia, o suíço Ferdinand de Saussure no Curso de Linguística Geral, como exemplo, e é o caso mais estudado no ocidente. Devido à sua abrangência geográfica, importância e quantidade de línguas descendentes, essa grande família merece detalhamento. Assim, podemos mencionar as subfamílias seguidas, se necessário, de exemplos aleatórios de línguas. Entre as subfamílias ou idiomas mais conhecidos, estão:

Albanês;

Armênio;

Línguas anatólicas;

Línguas balto-eslavas – lituano e letão (bálticas), polonês, tcheco, russo (eslavas), etc.;

Línguas celtas: gaélico-escocês, irlandês, etc.;

Línguas germânicas: alemão, inglês, holandês, sueco, etc.;

Línguas helênicas: grego antigo e grego moderno;

Línguas indo-iranianas: bengali, híndi, nepalês, sânscrito, urdu, etc. (índicas); e dari, pashto, persa, etc. (iranianas);

Línguas itálicas: catalão, espanhol, francês, italiano, português, romeno, etc.; e

Tocário.

Para efeito de visualização, é interessante que comparemos algumas das línguas dessa grande família, sempre lembrando que os métodos para se chegar a uma conclusão são muito mais precisos e trabalhosos e levam em consideração a paridade fonética, a relação entre cognatos, entre outros fatores. Mas não cabe aqui explorá-los, visto que seriam técnicos demais e não ajudaria a maior parte dos leitores. Todavia, nada impede que a comparação que segue possa ser usada como exemplo. Serão usadas as palavras: um, dois, três, sete, pai, mãe, água.

Quando o alfabeto da língua não for o romano, usaremos a transcrição fonética usada neste guia, seguindo a escrita no alfabeto original.

Latim: unum | duo | tres | septem | pater | mater | aqua

Irlandês (Subfamília celta): ceann | dhá | trí | seacht | Athair | Máthair | uisce

Alemão (Subfamília germânica): eins | zwei | drei | sieben | Vater | Mutter | Wasser

Russo (Subfamília eslava): один /adín/| два /dvá/ | три /tri/| семь /syem/ | Отец /ótyets/ | Мать /mat/ | вода /vadá/

Grego: ένα /ena/ | δύο /đio/ | τρία /tria/ | επτά /eptá/ | Πατέρα /patẹra/ | Μητέρα /mitẹra/| νερό /neró/

Hindi (Subfamília índica): एक /ek/ | दो /do/ | तीन /tiin/ | सात /saat/ | पिता /pita/ | माँ /maan/ | पानी /paanii/

Persa (Subfamília ariana): یکی /ek/ | دو /do/ | سه /se/ | هفت /haft/ | پدر /pedar/ | مادر /mádar/ | اب /ab/

Importante ressaltar que muitas pessoas acreditam que o persa seja semelhante ao árabe devido ao uso de um alfabeto em comum. Se considerarmos os signos acústicos, ou seja, os sons das palavras, notaremos que as línguas não têm qualquer relação nesse sentido:

> **Árabe** (família semita – não indo-europeia): واحد /wáḥid/ | أب /ˈab/ | أم /ˈum/ | سبعة /sabˈa/ | ثلاثة /talaata/ | اثنان /itnayn/ | ماء /maˈ/

Línguas não indo-europeias na Europa

Se, por um lado, as línguas do norte da Índia têm um parentesco comum com o grego, com as línguas latinas e com as línguas germânicas, por outro, o húngaro, o finlandês e o basco, e o georgiano, por exemplo, não apresentam nenhuma ligação filogenética com essa grande família.

O finlandês e o húngaro pertencem à família urálica e, assim mesmo, pouco se parecem uma com a outra em termos lexicais. Essas línguas têm um grande número de casos gramaticais. Isso quer dizer que as palavras mudam sua terminação dependendo da sua função na frase. Por exemplo, a capital da Finlândia é Helsinki, mas se eu quiser dizer "para", "de" ou "em", a terminação muda.

Observe:

<u>Para</u> Helsinki → **Helsinki<u>in</u>**

<u>De</u> Helsinki → **Helsing<u>istä</u>**

<u>Em</u> Helsinki → **Helsing<u>issä</u>**

ÁSIA E OCEANIA: UM MUNDO LINGUÍSTICO

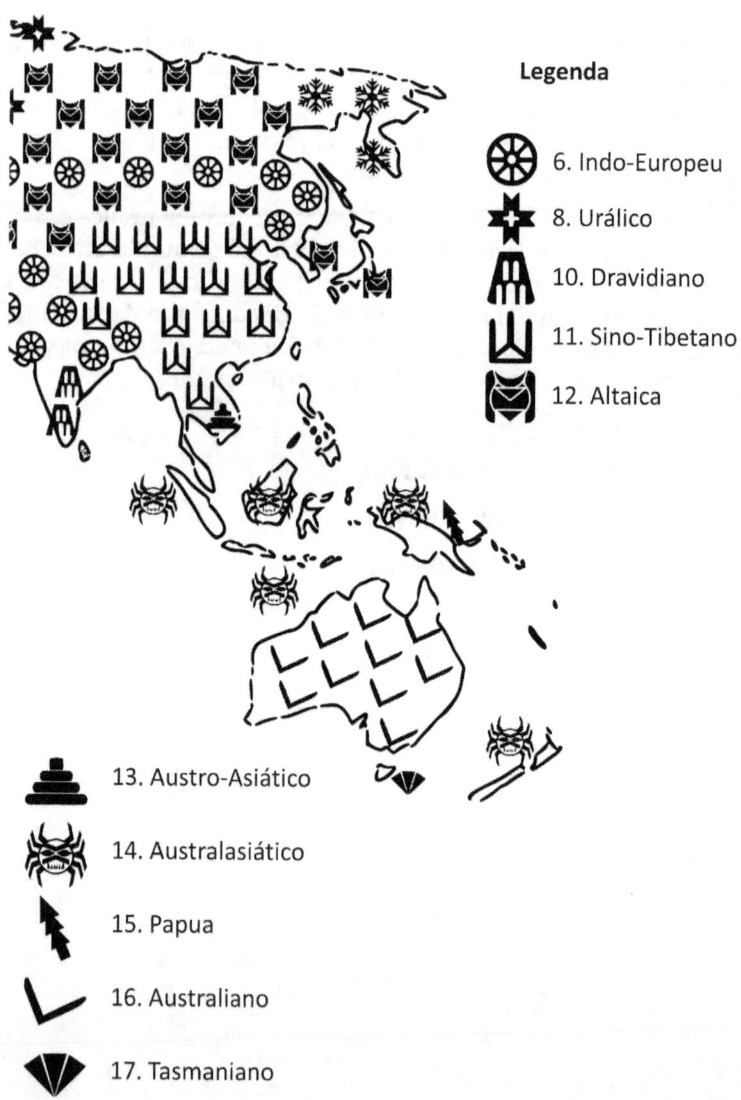

Falar sobre as línguas asiáticas é um desafio e tanto, principalmente pela grande diversidade de famílias linguísticas e pela existência de línguas com características que sequer conseguimos imaginar se não fizermos um verdadeiro esforço de imersão.

Uso de símbolos que têm mais a ver com lógica do que com sons, mistura de alfabetos, línguas diferentes na fala, mas que quando estão escritas são mutuamente compreendidas, cumprimentos ligados a pontos cardeais, línguas indo-europeias em um dos principais berços culturais não europeus, países com quase duas dezenas de línguas oficiais e uma família linguística hipotética que ligaria o Japão à Turquia! Bem-vindos à Ásia!

Falar com profundidade de cada família linguística da Ásia e da Oceania seria demasiadamente complexo e mereceria maior dedicação, visto que muitas línguas nesse continente são faladas por muitos milhões de pessoas e diferem demasiadamente das estruturas gramaticais desenvolvidas no Ocidente. A Ásia mereceria um livro exclusivo, o que não é nosso foco neste momento. O que mais nos interessa aqui é perceber a diversidade cultural existente e que a nossa lógica cultural não é a mesma em todas as partes do mundo. Assim, vamos nos concentrar em alguns dos principais aspectos que apresentam diferenças consideráveis em relação à nossa realidade linguística.

Línguas da China

A China é um país enorme, maior que o Brasil, com culturas milenares marcadas por encontros de diferentes povos do mundo. Grande parte das línguas faladas na China pode ser classificada em duas grandes famílias: a sino-tibetana e a altaica.

Os altaicos englobam o mongol e o uigur, mas a família sino-tibetana é predominante. Estima-se que 90% da China use o chinês da etnia Han, também conhecido como mandarim. É uma língua tonal, ou seja, conforme o tom que se pronuncia uma palavra, os significados e formas de escrita tendem a ser diferentes.

Como exemplo, temos as seguintes palavras, em que os "acentos" gráficos da transcrição oficial do chinês em alfabeto romano representam os tons:

学 xué: estudo

雪 xuě: neve

血 xuè: sangue

靴 xuē: bota

Em compensação, por se tratar de uma língua estruturalmente classificada como analítica, não existem flexões, portanto, não há conjugação verbal, concordância nominal, desinências de casos gramaticais ou plural, etc..

Cada sílaba carrega um significado que, com outras, formam palavras novas com novos sentidos, algumas vezes, bastante lógicos, outras vezes, sem nenhuma ligação óbvia com as palavras originais.

Assim: 电 **diàn** significa "eletricidade" e 话 **huà** significa "fala". 电话 **diànhuà** significa "telefone", dando uma certa previsibilidade do significado. Por outro lado, 明 **míng (mín)** significa céu, ou paraíso, e **iān** significa brilho. 明天 **míngtiān** significa "amanhã", não tendo um vínculo muito óbvio com o significado de suas sílabas componentes.

O mesmo se aplica à escrita, que é uma mistura de significados com símbolos que dão uma dica do som da palavra, mas nada que se pareça com um alfabeto. Em geral, cada nova sílaba é um novo conjunto de símbolos agrupados a serem memorizados, e que constituem significados.

Algumas vezes, esta junção de símbolos torna a língua escrita muito complexa, dificultando o aprendizado. Isso fez com que a "revolução cultural" da China desenvolvesse a escrita simplificada com o intuito de aumentar o número de chineses capazes de ler.

O chinês simplificado é usado principalmente para escrever o mandarim, entretanto, Taiwan, Hong Kong e Japão ainda usam a escrita chinesa anterior à revolução. Importante mencionar que Hong Kong fala cantonês, mas usa os mesmo caracteres do mandarim. Já o japonês é uma língua, cuja família é diferente da que pertence o chinês, embora use em parte de seu sistema de escrita os logogramas chineses.

Línguas diferentes do chinês que usam a escrita chinesa

Para entender mais ou menos como funciona o uso da escrita chinesa em outras línguas, tomarei a liberdade de fazer um paralelo. Se um britânico ler o símbolo 3 irá dizer *"three"*, um português dirá "três" e um árabe *"talaata"*. O símbolo escrito permanece igual, mas cada pessoa que lê o pronuncia conforme suas línguas. É mais ou menos o que acontece quando outras línguas passaram a usar a escrita chinesa: escreviam os mesmos símbolos, mas liam diferentemente. Isso também aconteceu em outras regiões do mundo, como na Mesopotâmia, por exemplo, em que o acadiano passou a usar a escrita cuneiforme dos sumérios.

Devido à grande tradição escrita e poética dos chineses, anterior à dos europeus, os povos ao redor da China tinham grande admiração e apreço pela língua chinesa. Frequentemente, faziam viagens para aprender chinês, em especial, seus caracteres. Assim, fizeram os coreanos, os vietnamitas e os japoneses. Mas os dois primeiros mudaram seu sistema de escrita, posteriormente, abolindo a escrita chinesa no uso corrente.

Os coreanos adotaram um alfabeto fonético bastante simplificado, que embora aos olhos ocidentais não familiarizados não pareça muito diferentes da escrita chinesa, são simples letras agrupadas de um alfabeto. O estilo pode aparentar a escrita chinesa. Estudiosos coreanos foram enviados para outras regiões do mundo com o objetivo de trazer soluções para a escrita da língua local. Aprenderam os conceitos fonéticos, aperfeiçoaram e simplificaram ao máximo. No século XIII, já tinham um alfabeto bastante simples, cujo aprendizado é possível em poucos dias.

Já o vietnamita adotou o alfabeto romano com sinais diacríticos para que refletisse melhor os sons peculiares da língua. Entretanto, os japoneses continuam a usar os logogramas chineses em parte de sua escrita até hoje.

Ocorre que o japonês é uma língua que tem flexões, de certo modo. Os verbos mudam conforme tempo e forma honorífica, que expressa formalidade e respeito. Por exemplo, o verbo ver:

Conjugação informal: **miru**

Conjugação formal: **mimasu**

Como escrever isso se a escrita chinesa é ligada a significados. Imagine que eu escreva 3plicar (triplicar) ou 3ºrizar (terceirizar). Talvez você leve um tempo para entender a lógica, mas de modo geral é o que os japoneses fazem para escrever. Observe:

Chinês: Ver → 見 **diàn**

Japonês informal: Ver → 見る **miru**

Japonês formal: Ver → 見ます **mimasu**

Perceba que o símbolo 見 , é "**diàn**" na escrita oficial do chinês romanizado. Já no verbo japonês é "mi", o que demonstra uma grande diferença. Isso acontece com muitas palavras que são escritas da mesma maneira por meio de logograma chinês, que contém o significado. Para conjugar, é acrescido de letras que correspondem a sons. Cada "letra" japonesa corresponde ao som de uma sílaba formando o silabário chamado de *hiragana*. Além dele, os japoneses também usam outro silabário para escrever palavras estrangeiras que não sejam chinesas, chamado *katakana*.

Essas duas escritas são conhecidas como *kanas* e no passado eram usadas por mulheres, já que a escrita chinesa era reservada aos homens. Assim mesmo, um grande clássico da literatura japonesa e talvez um dos primeiros romances do mundo – O romance de Genji – foi escrito por uma mulher por volta do ano 1000 D.C. O nome que lhe é atribuído, Murasaki, é o mesmo de uma personagem da obra. Ela ousou romper com as regras culturais da época e é conhecida até hoje como uma das obras literárias mais importantes do mundo.

A controversa família Altaica

A altaica é uma família linguística que, além de grande, é controversa. Ela abrangeria línguas que vão desde o turco ao coreano e ao japonês, passando pelo mongol e chegando às línguas do norte da Rússia, incluindo vários povos como, por exemplo, os tártaros.

Os linguistas não chegaram a um acordo se essa grande família realmente teve um passado em comum e grande parte acredita que não. Entretanto, as semelhanças entre elas são inegáveis. A maioria dessas línguas usa uma sequência nas frases chamada de SOV (Sujeito – Objeto – Verbo). Isso significa que os verbos vão sempre no fim. Por exemplo, a frase "Eu como arroz" ficaria "Eu arroz como".

Além disso, não usam preposições, mas posposições ou terminações. O nome preposição indica que o termo vem antes – "pré" – o que nas línguas altaicas acontece depois – "pós". A frase "Eu vou para a casa" ficaria "Eu a casa-para vou". Para quem aprende alguma dessas línguas, normalmente estranha muito de início, mas com o tempo se habitua. Observe:

Japonês: No mercado → 市場で (itşiba-**de**)

Turco: No mercado → Pazar**da** (pazar**da**)

"Mercado" em japonês é "*itşiba*", enquanto em turco é "*pazar*", cuja raiz é a mesma da palavra "bazar" em português. A função da preposição "em" ou com o artigo – "no" – é feito pelas terminações "de" em japonês e "da" em turco.

Características como essas acontecem em línguas como o japonês, o coreano, o mongol e as várias línguas turcas, como o turco, propriamente, o cazaque, o turcomeno, azerbaijano, usbeque, as línguas tártaras e outras.

Certa vez, em Istambul, conversei com um guia turístico que falava japonês fluentemente. Ele me contou que aprendeu a língua com muita facilidade e que a estrutura parecia muito com a do turco.

Por outro lado, embora muita gente confunda, o turco é absolutamente diferente do árabe, que é uma língua semita. Apresenta estrutura, léxico e sonoridade bastante distintos. As semelhanças existentes estão na influência cultural, principalmente pela difusão do islã, que permitiu que várias palavras árabes entrassem nos vocabulários de diversos idiomas do mundo, incluindo o turco, o persa, o espanhol e o português. Além disso, o turco é atualmente escrito em alfabeto romano.

Houve um momento em que os linguistas ligaram as línguas altaicas ao húngaro e o finlandês, visto que também apresentam semelhanças. Essa mega família seria chamada de uralo-altaica. Entretanto, atualmente, raros linguistas defendem essa ideia.

A Torre de Babel no Sul da Ásia

O sul da Ásia é composto por países como Índia, Paquistão, Afeganistão, Bangladesh, Sri Lanka, Nepal e Butão.

Esses países têm peculiaridades linguísticas bastante diferentes para quem está acostumado com regiões onde existe uma unidade linguística forte, como o Brasil. A Índia tem como línguas nacionais ou oficiais o hindi e o inglês, além de 21 línguas regionais reconhecidas. Incluindo as línguas de minorias, o número de línguas faladas na Índia somam várias centenas!

A maior parte dessas línguas está classificada em duas famílias: a indo-europeia, concentrada principalmente no norte do país e as dravidianas que se encontram no sul. Já conversei com indianos do sul e alguns deles expressam um sentimento de que eles são os "indianos mais antigos", visto que estavam na Índia antes dos indo-europeus chegarem.

A principal língua oficial da Índia – o hindi – é escrita em um alfabeto que descende do sânscrito, o devanagari. Nele foram escritos diversos textos épicos incluindo os famosos Vedas. Devido à influência islâmica no século X, que propiciou a criação do sultanato de Delhi, os indianos passaram a adotar a escrita perso-árabe para algumas de suas línguas. Isso resultou, de maneira genérica, na versão da língua escrita em alfabeto perso-árabe, que passou a ser conhecida como urdu.

Desconsiderando o alfabeto e salvo algumas expressões e termos oriundos da cultura islâmica no urdu e outros da cultura hindu no hindi, as duas línguas, na verdade, constituem uma só língua, que é comumente chamada de hindustani.

O urdu é hoje a língua oficial do Paquistão, país de maioria islâmica. Entretanto, é falado como língua materna por pouco mais de 10% da população.

Outros países da região têm diversas línguas classificadas, principalmente entre o indo-europeu e línguas turcas ou altaicas.

Indo-China e Indonésia

Esta região, que inclui Myanmar, Tailândia, Camboja, Vietnam e Laos, formam uma zona de influência cultural chinesa, principalmente, e indiana, o que também ocorre na Indonésia.

O tailandês é uma das línguas da região que pude ter íntimo contato, já que trabalhei em uma representação comercial do governo tailandês em São Paulo. Aprendi um pouco da língua, que para um ocidental pode soar bastante estranho no começo. Mas a prática traz a intimidade e o costume, além da admiração pela cultura.

O tailandês é uma língua pertencente à família Tai-Cadai, que inclui algumas línguas faladas no sul da China. Alguns linguistas também fazem ligação entre essa família e a Sino-Tibetana, que inclui o chinês. Há algumas semelhanças estruturais entre o tailandês e o chinês, a escrita, entretanto, em nada parece com a chinesa. Aí vemos uma influência indiana que veio do vizinho Camboja.

Tanto a escrita do tailandês como a do khmer – principal língua falada no Camboja – apresentam uma forma peculiar de representar sons. A parte mais fácil para quem escreve em alfabetos como romano, árabe, ou cirílico é que essas línguas também são escritas em alfabetos, ou seja, existem letras e não logogramas como no chinês.

Por outro lado, a maneira que os sons são representados é bastante diferente dos alfabetos fonéticos. Existe uma grande diversidade de letras com o mesmo som, ou de sons usados para a mesma letra. As vogais podem ser uma combinação de símbolos que podem vir depois, antes, em cima, embaixo ou em torno das consoantes. E para ficar mais complicado, muitas palavras usadas vêm de línguas da Índia, com sons impossíveis de pronunciar em tailandês ou khmer. Ambos procuram representar as letras das palavras originais da Índia, mas não as pronunciam, o que torna um grande desafio para quem quer aprendê-las. Vale ressaltar que embora o alfabeto tailandês tenha como origem o khmer, as línguas pertencem a famílias diferentes. Enquanto o tailandês está classificado na família sino-tibetana, o khmer pertence à família austro-asiática com o vietnamita e outras línguas minoritariamente faladas na Índia no Bangladesh e no Nepal. E, conforme já mencionei antes, o vietnamita é escrito em alfabeto romano, com sinais diacríticos para melhor acomodar seus sons.

Outra importante família linguística falada na região é a austrolasiática ou austronésia. Embora o nome pareça com o da família anterior, suas línguas não se assemelham o suficiente para terem a mesma classificação. Assim como as línguas do sudeste asiático, esta família distribuída por diversas ilhas dos oceanos pacífico e índico também tem influências indianas, mas não só delas. Árabe, persa, inglês, holandês e até o português estão entre as línguas que mais influenciaram o vocabulário de muitas das línguas dessa vasta região.

Entre os principais representantes estão o malaio, falado na Malásia, e o indonésio, língua oficial do grande arquipélago chamado Indonésia. Ambas são bastante semelhantes, tendo entre as principais diferenças a influência holandesa no indonésio e a inglesa no malaio. São escritas em alfabeto romano, não são tonais e praticamente não usam acentos ou sinais diacríticos tendo uma fonética bastante regular e simples.

A gramática também pode ser considerada simples, sem conjugações, flexões, para serem memorizadas. No entanto, há diferentes formas de lidar com os verbos e suas modalidades, inserindo partículas para dar outro sentido ao que se quer dizer. Uma palavra bastante conhecida vem dessas línguas: orangotango que vem do termo *urang-utan*, "homem da floresta".

Essa família linguística se espalhou por diversas ilhas chegando à Nova Zelândia e, por incrível que pareça, a Madagáscar, onde se fala o malgaxe. Como se vê, nem só a fauna de Madagascar é diferente do resto da África, sua língua também.

"Aborígenes"

Povos com características físicas diferentes das etnias do Sul e do Leste asiáticos e, dos arquipélagos das proximidades, habitam a Austrália e a ilha da Tasmânia. A diversidade e distanciamento familiar linguísticos desses povos são tantos que linguistas preferiram classificar as línguas da região em duas famílias: a australiana e a tanzaniana.

Em uma apresentação do *Ted Talks*, a cientista cognitiva Lera Boroditsky mencionou um grupo étnico australiano conhecido como Kuuk Thaayorre. Segundo ela, esses povos não conhecem os termos direita ou esquerda, mas leste e oeste. Além disso, uma forma comum de se cumprimentar em sua língua é perguntar: "Em que direção você vai?". Para responder, a pessoa deve saber em que direção caminha, de acordo com os pontos cardinais!

"ÍNDIOS?!": FAMÍLIAS LINGUÍSTICAS DAS AMÉRICAS

Atualmente, é um consenso científico que as Américas foram o último continente a ser povoado. Como grande parte das referências que temos desses povos parte de um ponto de vista europeu, muitos de nós ainda os chamamos de "índios", um termo generalista e errôneo, visto que faz referência à Índia, região que os europeus buscavam ao chegar às Américas.

No entanto, os chamados índios são divididos em inúmeras famílias linguísticas e grupos étnicos. Alguns deles alcançaram desenvolvimentos sociais à altura do que se conhecia na Europa na época dos descobrimentos. Dominavam ciências, engenharia, possuíam escrita própria e uma sofisticada organização social. Esse foi o caso dos maias, por exemplo.

Semelhante à lógica das escritas do egípcio antigo e do chinês, os maias usavam logogramas, que após a colonização europeia, caíram em desuso. Eles tinham uma literatura antiga e bastante desenvolvida, o que foi preservada em obras escritas, como a Popol Vuh, uma epopeia que mostra uma concepção bastante peculiar de explicar a formação do mundo.

Outras civilizações desenvolvidas, sob o ponto de vista ocidental, das Américas são a asteca e a inca – de língua quíchua – cada uma delas ligada a uma família linguística diferente. Assim como os maias, elas tinham sua cultura, sua forma de ver o mundo e de organizar a sociedade.

Mas a antropologia e as ciências correlatas não pararam nessas três civilizações. Culturas potencialmente desenvolvidas existiam em diversas regiões do continente, incluindo a Amazônia e o litoral brasileiro, onde famílias linguísticas como a Tupi-Guarani e a Macro-Jê se expandiam por vastos territórios.

Atualmente, entre as línguas nativas das Américas que têm maior número de falantes estão o guarani, falado no Paraguai e o quíchua, falado principalmente no Peru e na Bolívia.

Contudo, a ciência é algo vivo e que está em constante atualização por natureza. É possível que se descubra mais sobre os povos e as famílias linguísticas das Américas e do mundo.

Tipos de Línguas: as diferentes estruturas linguísticas

Existem diversas estruturas linguísticas que constituem o que chamamos de tipologia linguística. A tipologia analisa o funcionamento da língua, ou seja, sua estrutura.

A estrutura da língua pode fornecer pistas do que é valorizado nas culturas. Há culturas e famílias linguísticas que valorizam a precisão da fala, ou seja, deve-se dizer exatamente o que se pretende por meio da língua. Outras usam o contexto considerado perceptível para transmitir uma informação. E esse aspecto pode ser transmitido culturalmente.

Exemplo disso é como os europeus costumam usar a língua portuguesa em relação aos brasileiros. As antigas e corriqueiras piadas brasileiras sobre portugueses podem ser uma forma lúdica de se exemplificar.

Uma das que me lembro é:

Brasileiro: Tem lugar no restaurante?

Português: Sim, tem.

Brasileiro: Onde?

Português: Estão todos ocupados.

Tendo relação com a realidade ou não, essa piada brasileira pode demonstrar como os brasileiros priorizam o contexto no momento em que falam, enquanto os portugueses valorizam a precisão da língua falada.

No exemplo, o brasileiro provavelmente estaria a compreender que o português compreenderia que a palavra "lugar" queria dizer "lugar livre", a partir da suposição de que isso era óbvio.

Entretanto, como o português, teoricamente, valorizaria a precisão do que é falado, respondeu conforme o que ouviu, e não o que se pressupõe ou se observa no contexto. Esse comportamento seria mais típico de culturas que falam línguas europeias, como o alemão, o espanhol, o francês, o inglês, etc.. Mas por que os brasileiros usariam o contexto?

Muitas línguas asiáticas, africanas e nativas do continente

americano costumam ser mais contextuais que literais. Muitas delas, como o tupi antigo, o iorubá e outras línguas influenciaram o português brasileiro, e é possível que isso tenha resultado em uma tendência à contextualização na cultura brasileira.

Muitas pessoas falavam a língua portuguesa como segunda língua no período colonial, levando consigo seus costumes da língua materna no falar. E esse é um aspecto importante para pensarmos quando falamos uma língua estrangeira: Não basta traduzir para a língua, é preciso passar a mensagem conforme quem ouve ou lê a compreende.

O exemplo é um aspecto semiótico que leva em consideração o que se chama de experiências colaterais. De maneira simplificada – A pessoa vai compreender o que lhe é comunicado sob influência de sua cultura, ou seja, no caso, de tudo o que aprendeu durante a vida e se tornou costume.

Mas as diferenças linguísticas vão muito além da contextualidade ou literalidade da língua. Falantes de inglês, por exemplo, estão acostumados com poucas flexões verbais. Os verbos apresentam relativamente poucas formas. O verbo "fazer" em inglês pode ter as seguintes formas: *make, makes* e *made*. Talvez possamos incluir *makest* do inglês arcaico.

Já, em português, o verbo fazer teria as formas: fazer, faço, fazes, faz, fazemos, fazeis, fazem, fiz, fizeste, fez, fizemos, fizestes, fizeram, farei, farás, fará, faremos, fareis, farão, faria, farias, faríamos, faríeis, fariam, fizera etc... A lista completa seria muito grande.

Isso quer dizer que o inglês é uma língua que tende a ser mais analítica e o português mais sintética no aspecto verbal. E esse é um tipo de classificação que nos ajuda a imaginar como uma língua funciona.

Vejamos as principais classificações de tipologia linguística, tendo como base a abordagem de Störig:

Flexivas

São línguas cujas palavras se apresentam de formas diferentes, indicando uma mudança de significado. As flexões podem ser de várias formas, como verbais (tempo, modo, etc.), nominais (número, caso gramatical, etc.). Exemplos:

Português – "Eu falo alemão". Quando o verbo está no infinitivo é "falar", quando se flexiona para a forma "falo" indica o tempo presente, tendo a primeira pessoa do singular como sujeito.

Alemão – *Die Männer arbeiten.* (Os homens trabalham) A palavra "homem" no singular é *Mann*, flexionada no plural é *Männer*.

Aglutinantes

São línguas em que as unidades sígnicas ou, no caso, palavras que contêm um significado se juntam produzindo novos significados. Exemplos:

Turco: *defter* "caderno", unido ao sufixo plural *ler* e temos o plural *defterler* "cadernos", mais a terminação possessiva de primeira pessoa "meu", *im* resulta em *defterlerim* "meus cadernos".

Alemão: *Kühl* (frio) juntando-se a *Schrank* (armário) resulta em *Kühlschrank* (geladeira).

Isolantes

São línguas que não flexionam e nem aglutinam. As palavras permanecem inalteradas independentemente da função gramatical, que é normalmente determinada pela ordem em que as palavras aparecem na frase. Exemplos:

Chinês: 我明天吃鱼, na romanização oficial do mandarim, [*Wǒ míngtiān chī yú*], literalmente, "Eu amanhã comerei peixe", sendo *chī* o verbo "comer". No passado, a frase ficaria 我昨天吃鱼, *Wǒ zuótiān chī yú*, "Eu ontem comi peixe". O verbo *chī* não se altera. O que indica o tempo são: "ontem" e "hoje".

Inglês: É parcialmente isolante, já que as palavras têm pouca flexão. Nas frases *I speak English* "Eu falo inglês" e *They speak English* "Eles falam inglês", o verbo *speak* não se flexiona nem sofre aglutinação.

Sintéticas

As línguas sintéticas são aquelas cujas palavras modificam significativamente dependendo de aspectos, como função gramatical ou do tempo verbal, citando alguns dos casos. Exemplos:

Francês: o aspecto da mudança no verbo *aller* "ir" (infinitivo) para *je vais* "eu vou" (primeira pessoa no tempo presente) e *j'irais* "eu irei" (primeira pessoa do tempo futuro).

Árabe: أنا أكتب كتابا [*'Anā 'aktabu kitāban*] "eu escrevo um livro"; o verbo muda da forma *'aktabu* para *katabtu* quando no passado – أنا كتبت كتابا [*'Anā katabtu kitāban*]. Embora o árabe e as línguas semitas, em geral, mantenham, na maioria das vezes, uma sequência de três consoantes que representam um significado e permanecem inalteradas, inclusive na ordem que se apresentam na raiz das palavras (no exemplo *k, t* e *b*, relativas à escrita), a inserção vocálica, além de afixos, faz com que as línguas semitas sejam classificadas como sintéticas.

Analíticas

É a classificação antagônica à sintética, ou seja, não há mudanças na raiz das palavras. Nesse caso, o chinês se apresenta como um bom exemplo pelo mesmo motivo, porque é uma língua altamente isolante. Além dele, podemos mencionar:

Tailandês: ฉันกลับบ้าน [*tşan klạb bâan*] "Eu volto/vou para a casa", sendo *klạb* o verbo ir. Na frase ผู้ชายกลับบ้าน [*Phutşay klạb bâan*] "O homem vai para a casa", o verbo *klạb* fica inalterado, sem flexão.

Iorubá: O verbo *lọ* "ir" permanece inalterado em ambas as situações: *Mo lọ sọ́jà*, "eu fui ao mercado" e *Mo ń lọ sọ́jà*, "Estou indo ao mercado". O que se acrescenta é a partícula *ń* para indicar uma ação em continuidade.

Polissintéticas Ou Incorporantes

São línguas que incorporam elementos lexicais e/ou gramaticais ampliando a unidade conhecida como palavra. Seria algo próximo a transformar uma frase em uma única palavra. Esse tipo é bastante característico de línguas ameríndias, como o groenlandês, o quéchua e o tupi-guarani. Exemplo:

Tupi-guarani: a partícula negativa *nda* assume diferentes formas ao se acoplar às palavras à que se antepõe. Exemplos são *nd'obebéi* "eles não voaram", *na nde robbyi* "você não é verde" *n'omboéi* "não o ensinou" (TIBIRIÇÁ, 1984, p. 21). Importante mencionar que as palavras poderiam ter sido grafadas sempre juntas, o que não mudaria como se fala. Não existe um padrão de escrita para a língua tupi-guarani, variando entre os livros publicados.

COMO MELHOR USAR ESSE GUIA

Técnicas para Memorização: flashcards

Flashcards são basicamente cartas, ou cartões, em que se colocam informações de ambos os lados como um jogo da memória. Por exemplo, de um lado pode-se escrever uma palavra e do outro seu significado ou sua tradução em outro idioma. São usadas para memorização. Primeiro, a pessoa memoriza ambos os lados. Depois, pode verificar quais cartas já memorizou, descartando as que já assimilou e, mantendo no processo, as que ainda não memorizou.

O que se sabe é que esse método parece ter sido primeiramente utilizado com crianças na Inglaterra e foi aprimorado pelo alemão Sebastian Leitner, em 1970. É atualmente usado em escolas de idiomas e está entre métodos recomendados por Alberto Dell'Isola em sua obra "Mentes Brilhantes – Como desenvolver todo o potencial do seu cérebro". Segundo ele, o método funciona porque respeita o fenômeno da reminiscência (o que se conserva na memória) e utiliza nosso tempo livre. Ou seja, naquele momento em que você está esperando pelo ônibus, avião ou por alguém, pode usar *flashcards* para memorizar coisas importantes, mostrando para seu cérebro que aquilo deve ser mantido.

Aplicativos

Existem diversos aplicativos que simulam os *flashcards* físicos. Entre eles:

Quizlet: É outro aplicativo interessante para aprendizagem tanto para Android como para iPhone. É intuitivo e tem uma interface bastante amigável. O aplicativo Quizlet também se conecta ao site, que tem, de modo geral, as mesmas opções que a versão do aplicativo da versão mobile. Há uma versão em português.

Cram: Disponível tanto para iPhone quanto para Android, está entre os aplicativos mais amigáveis do tipo. Também há a versão *desktop*, em que você pode até copiar e colar uma lista de palavras do Excel. Ele também permite que você pesquise uma vasta biblioteca de *flashcards* enviados por outros usuários.

StudyBlue: Este aplicativo apresenta mais opções de métodos e recursos para estudar. Por outro lado, costuma consumir mais dados que os demais, mas não é uma opção ruim.

Como Usar O Quizlet

Você pode obter informações atualizadas sobre como usar o Quizlet no site quizlet.com e adaptar à sua maneira. Todavia, fica aqui um passo a passo simplificado para você usar as listas de estudo que criei para esse livro.

Para acessar o aplicativo:

Envie para o e-mail info@thinkglobal.com.br a confirmação de compra do livro na Amazon e seu nome completo. O número do pedido deve ficar no canto superior esquerdo do seu PC no seguinte formato:

Sua conta > Seus pedidos > Resumo do pedido nº D00-0000000-0000000

Instale o Quizlet no seu PC ou *mobile*.

Procure a turma "Usando a Língua para Conquistar" e solicite acesso. Se tiver recebido e-mail da turma via Quizlet, é só aceitar. Certifique-se de que o e-mail não foi para a caixa de spam.

Para memorizar os termos:

Cada uma das vinte e duas línguas que fazem parte da turma tem 10 listas de cartões a serem memorizados. Cada lista apresenta palavras de uma mesma categoria, por exemplo, "cumprimentos" ou "comes e bebes", o que estimula o cérebro a memorizar.

Você pode seguir este esquema:

Acesse pastas em "ver todas"

Escolha a língua de seu interesse ou prioridade.

Você pode começar pela lista 1 – Cumprimentos

Leia ou escute e repita as palavras com atenção, pelo menos três vezes.

Acesse os cartões e vá jogando até acertar como se fala todas as palavras do verso.

Acesse "combinação" e jogue até obter recorde o melhor resultado. Você pode fazer esse jogo competindo com alguém que esteja na mesma lista de estudos.

Acesse avaliação, configure como deseja realizá-la e passe para a próxima lista quando tiver a pontuação segura.

Cada vez que conseguir êxito em uma lista, volte a fazer o teste da anterior.

Você pode usar outros recursos do Quizlet como "escrever" e "aprender" que se assemelham a um teste.

Das línguas apresentadas até a data da publicação deste livro, o Quizlet tem suporte de áudio para a maioria das línguas: alemão, árabe, chinês, espanhol, francês, grego, holandês, inglês, italiano, japonês, polonês, português, russo, sueco e turco.

É possível que o áudio do sistema, às vezes, apresente alguma imperfeição de pronúncia. Assim mesmo está entre os melhores disponíveis e está em constante desenvolvimento. A ferramenta Quizlet não faz parte do livro e não tem nenhum vínculo com a edição. É um modo que escolhi para melhor aproveitar e dinamizar o aprendizado do conteúdo para as pessoas que adquirem o livro.

As línguas escritas nos alfabetos, romano, grego e cirílico são apresentadas sem transcrição fonética, o que pode ser verificado no livro. Para o chinês e japonês, as versões oficiais de transcrição fonética são usadas. Já no livro, as escritas originais e a transcrição fonética são apresentadas.

As demais línguas são apresentadas com transcrição fonética no aplicativo.

Não constam das listas de estudo o nheengatu e o allamej, por terem propósitos diferentes que conquistar seus interlocutores por meio do uso de palavras em sua língua.

Legendas

Muitas línguas usam palavras diferentes dependendo do gênero de quem fala, de para quem se fala ou de quem se fala. Quando necessário, indicarei tais diferenças da seguinte maneira:

(M) Quando uma pessoa do gênero gramatical masculino estiver falando

(F) Quando uma pessoa do gênero gramatical feminino estiver falando

(m) masculino – ao se referir a algo ou alguém do gênero gramatical masculino

(f) feminino – ao se referir a algo ou alguém do gênero gramatical feminino

(n) neutro – ao se referir a algo ou alguém do gênero gramatical neutro

Fora nas línguas tonais – chinês, iorubá e tailandês – algumas vezes, usamos o acento agudo (´) nas transcrições para demonstrar a sílaba tônica.

O apóstrofo é usado no fim de algumas palavras russas para indicar a presença de consoante leve, ou seja, pronunciar um breve e quase imperceptível "i".

No caso do tailandês, é usado após as consoantes t', p', k', para indicar que devemos projetar a boca para pronunciá-las, mas não concluir a pronúncia. Por exemplo, kráp, você diria krá e terminaria fechando os lábios como se quiisesse falar um "p".

Bom estudo e sucesso!

ALEMÃO

Falantes:

Aproximadamente 90 milhões de pessoas falam alemão como língua materna e outras 15 milhões a falam como segunda língua, o que a torna uma das línguas mais estudadas no mundo.

Onde é falado:

Alemanha, Áustria e Suíça são os principais países em que o alemão é falado. Também é falado na Namíbia (África) e regiões do Brasil. A emenda constitucional brasileira inclui no artigo 182 da Constituição Estadual que vertentes da língua alemã são consideradas patrimônio cultural do Espírito Santo. Mas o alemão e versões dele são falados em diversas cidades brasileiras, sendo considerados por alguns estudiosos como versões brasileiras da língua.

Classificação:

É uma língua que pertence à grande família linguística indo-europeia e subfamília germânica com o inglês e o sueco, por exemplo. Está mais proximamente ligada ao holandês e ao inglês.

O alemão padrão ensinado nas escolas, também conhecido como *"Hoch Deutsch"* (alto alemão), por ser falado em regiões geográficas de maior altitude, e é uma das línguas que manteve aspectos antigos, como o uso de casos gramaticais, sendo uma língua sintética.

Por exemplo, **Der Mann** significa "O homem", enquanto **Den Mann** significa a mesma coisa, só que no caso acusativo, ou seja, quando o termo está como objeto direto da frase.

Além do feminino e do masculino, encontrados no português, a língua tem um terceiro gênero que é o neutro. Assim temos **Der Mann**, "O Homem", **Die Frau**, "A mulher" e **Das Auto**, "O Carro". Mas nem sempre é possível prever a que gênero uma palavra pertence.

Das Mädchen, por exemplo, significa "a menina" ou "a garota", mas é considerada de gênero neutro.

Os verbos em alemão, assim como em português, apresentam terminações correspondentes aos infinitivos e são conjugados em vários tempos e modos, e os adjetivos também mudam sua terminação, dependendo de gênero, caso, e se estão na função definida ou indefinida. É uma língua um tanto trabalhosa para se aprender.

Destaques:

O alemão está entre as línguas mais importantes para se estudar. É a segunda mais usada em publicações científicas, também sendo relacionada a inovações.

Também é a língua materna mais falada na União Europeia, estando entre as mais estudadas, devido à sua relevância na filosofia, ciência e nos negócios.

O alemão é a língua de escritores famosos, como Goethe, Kafka, Brecht e Mann. Foi a língua nativa de compositores, como Mozart, Bach, Schubert, Beethoven e Wagner. Grande parte da filosofia e da ciência se deve a personalidades que falavam alemão, como Freud, Kant, Hegel, Nietzsche e Heidegger, entre muitos outros.

Além de a Alemanha ser uma grande parceira comercial do Brasil, também existem várias empresas alemãs por aqui. Entre elas, estão: Volkswagen, BMW, Bosch, ThyssenKrupp e uma infinidade de outras mais.

O alemão também é a língua de músicos famosos como: Nena, Falco, Lena Meyer, Xavier Naidoo e Bill Kaulitz.

Curiosidades:

Para quem já fala inglês, o alemão pode ser um pouco mais fácil de aprender, visto que tem grande parte do vocabulário similar: *Bier*, "cerveja", *Haus*, "casa", *"gut"*, bom, *sehen* "ver".

Todos os substantivos são escritos com letra maiúscula e o alemão é famoso por construir palavras juntando outras. Por exemplo, "geladeira" se diz *"Kühlschrank"*, literalmente algo como armário gelado.

As variações faladas no Brasil, muitas vezes, misturam o vocabulário da língua portuguesa com o da alemã. *Es regnet* em alemão quer dizer "está chovendo", mas os brasileiros que falam dialetos alemães, algumas vezes, usam *Es schuft*, sendo que *schuft* tem relação com a pronúncia da palavra "chover".

Como o alemão constrói palavras a partir da união de outras, dizem que tem uma das palavras mais longas do mundo: *Rindfleischetikettierungsüberwachungsaufgabenübertragungsgesetz*.

A tradução, bem, não é simples, mas seria algo como "a lei relativa à delegação de funções para a vigilância da marcação de gado e a rotulagem de carne bovina".

1. Cumprimentos

Sim → Ja [ya]

Não → Nein [nayn]

Bem-vindo(a) → Willkommen [vilkomen]

Por favor → Bitte [bitạ]

Obrigado! → Danke! [dankạ]

Bom dia! → Guten Morgen! [gutịn moʁgịn]

Boa tarde! → Guten Tag! [gutịn tak]

Boa noite! (chegada) → Guten Abend! [gutịn ábịnt]

Como vai? → Wie geht es Ihnen? [vi getes ínen]

Bem, obrigado. → Danke, gut. [danke, gut]

Boa noite! (despedida) → Gute Nacht! [gute naĥt]

Adeus! Tchau! → auf Wiedersehen! Tschüss! [awfídazeen | tşüs]

2. Informações Pessoais

Qual é seu nome? → Wie heißen Sie? [vi haysịn zi]

Meu nome é Hans. → Ich heiße Hans. [ıŝ hayse hans]

Prazer em conhecer. → Schön Sie zu treffen. [şön zi tsu tʁẹfịn]

Você fala inglês? → Sprechen Sie Englisch? [zpreȟịn zi englış]

De onde você é? → Woher kommen Sie? [voheạ kommịn zi]

Brasil → Brasilien [bʁazilien]

Portugal → Portugal [poʁtugal]

Angola → Angola [angola]

Moçambique → Mosambik [mozambik]

Sou turista → Ich bin ein Tourist. [ıŝ bın ayn tuʁist]

Pessoa de negócios. → Geschäftsmann (M) | Geschäftsfrau (F) [ayn geşäftsman | geşäftsfʁaw]

Estudante → Student (M) / Studentin (F) [student | studentin]

3. Objetos e Animais

O quê? → Was? [vas]

Férias → Urlaub [Uạlawb]

Chave → Schlüssel [şlüsel]

Bagagem → Gepäck [gepäk]

Passaporte → Reisepass [ʁayzepas]

Cachorro → Hund [hund]

Gato → Katze [katzạ]

Livro → Buch [buȟ]

Roupa → Kleidung [klaydung]

Telefone → Telefon [Teelefon]

4. Descrevendo as coisas

Isto é... → Das ist... [das ist...]

Bom → Gut [gut]

Ruim → Schlecht [şleȟt]

Bonito → Schön [şön]

Feio → Hässlich [häsliŝ]

Grande → Groß [gros]

Pequeno → Klein [klayn]

Branco → Weiß [vays]

Preto → Schwarz [şvaʁz]

Vermelho → Rot [ʁot]

Azul → Blau [blaw]

Amarelo → Gelb [gelb]

Verde → Grün [gʁün]

Marrom → Braun [bʁawn]

5. Tempo

Quando? → Wann? [van]

Agora → Jetzt [yẹtst]

Depois → Später [şpeta]

Hoje → Heute [họytạ]

Frio → Kalt [kalt]

Chuva → Regen [ʁegịn]

Neve → Schnee [şnee]

Quente / calor → Warm [vaʁm / vaam]

Sol → Sonne [zone]

6. Lugares

Onde é...? → Wo ist...? [vo ist]

Banheiro / lavabo → Toilette [tọylẹtạ]

Hotel → Hotel [hotẹl]

Restaurante → Restaurant [ʁestorant]

Hospital → Krankenhaus [krankịnhaws]

Aeroporto → Flughafen [flughafịn]

Casa → Haus [haws]

Perto → Nahe [nae]

Longe → Weit [vayt]

Aberto → Geöffnet [geöfnet]

Fechado → Geschlossen [geşlosịn]

Centro de compras? → Einkaufszentrum? [aynʀawfstsentrum]

7. Direções e Transporte

Aqui → Hier [hía]

Direita → Rechts [ʀeŝts]

Esquerda → Links [links]

Reto → Gerade aus [geʀade aws]

Avião → Flugzeug [flugtsọyk]

Carro → Auto [awto]

Trem → Zug [tsuk]

Ônibus → Bus [bus]

8. Pessoas

Quem? → Wer? [vẹa]

Eu → Ich [ıŝ]

Tu / Você → Du / Sie [du / zi]

Ele → Er [éa]

Ela → Sie [zi]

Ele / Ela (neutro) → Es [es]

Nós → Wir [vía]

Vós / Vocês → Ihr [ía]

Eles → Sie [zi]

Elas → Sie [zi]

Homem → Mann [mann]

Mulher → Frau [fʁaw]

Pai → Vater [fáta]

Mãe → Mutter [muta]

Filho → Sohn [zon]

Filha → Tochter [to͡hta]

Amigo → Freund [fʁo̜nynd]

Amiga → Freundin [fʁo̜yndin]

Marido → Mann [mann]

Esposa → Frau [fʁaw]

Amor → Liebe [libe]

Eu te amo → Ich liebe dich [ɪŝ libe dɪŝ]

9. Comer e Beber

Comida → Essen [e̜si̜n]

Pão → Brot [bʁot]

Fruta → Obst [obst]

Peixe → Fisch [fɪş]

Galinha → Hähnchen [hänŝi̜n]

Carne → Rindfleisch [ʁindflayş]

Leite → Milch [Milŝ]

Água → Wasser [vása]

Suco → Saft [zaft]

10. Números

Quanto? → Wie viel? [vi fil]

Quanto custa? → Wie viel kostet das? [vi fil kǫstet das]

Caro → Teuer [tǫya]

Barato → Billig [bɪliŝ]

Um → Eins [ayns]

Dois → Zwei [tsvay]

Três → Drei [dʁay]

Quatro → Vier [fía]

Cinco → Fünf [fünf]

Seis → Sechs [zęks]

Sete → Sieben [zíbịn]

Oito → Acht [aĥt]

Nove → Neun [nǫyn]

Dez → Zehn [tseen]

Quinze → Fünfzehn [fünftsen]

Vinte → Zwanzig [tsvantsɪŝ]

Vinte e cinco → Fünfundzwanzig [fünfundtsvantsɪŝ]

Cinquenta → Fünfzig [fünftsɪŝ]

Cem → Einhundert [aynhúndaat]

Duzentos → Zweihundert [tsvayhundaat]

Duzentos e cinquenta → Zweihundertfünfzig [tsvayhundatfünftsiŝ]

Quinhentos → Fünfhundert [fünfhundaat]

Mil → Tausend [táwzịnd]

ÁRABE

Falantes:

Estima-se que mais de 400 milhões de pessoas falem o árabe como primeira língua, colocando-a entre a 3ª e a 5ª posição entre as línguas mais faladas do mundo, dependendo da metodologia.

Onde é falado:

É a língua de 25 países, sendo a terceira língua mais falada do mundo em número de países, depois do inglês e francês. Também é falado como segunda língua em um vasto território que compreende a Ásia e a África. É uma das línguas estrangeiras mais faladas no Brasil, devido à grande quantidade de imigrantes árabes.

Classificação:

Assim como o hebraico e o aramaico, o árabe é uma língua semita, uma subfamília afro-asiática. Entre as principais características das línguas semitas está o vínculo de significado a radicais tri-consonantais. Por exemplo, as consoantes *k t b* têm a ver com a escrita. Por exemplo, *kataba* significa "ele escreveu". Se mudarmos as vogais conservando as três consoantes, acrescentando ou não afixos, podemos criar palavras com outros significados relacionados à escrita. Exemplos: *kitab* – "livro", *maktaba* – "escritório".

O árabe tem dois gêneros, o masculino e o feminino. Usa o plural e também o dual – fazendo referência a dois objetos – Ex.:

Casa → بيت [bayt]

Duas casas → بيتين [bayteyn]

Casas → بيوت [buyuut]

Além disso, os verbos conjugam conforme tempo, pessoa e número.

Assim como em outras línguas semitas, a língua é escrita em alfabeto próprio em que as vogais não são comumente grafadas, salvo em forma de "acentos", nos textos para o aprendizado ou no Alcorão, livro sagrado da religião islâmica, que tem muito em comum com o cristianismo e o judaísmo.

Destaques:

O árabe é, sem dúvida, uma das línguas mais importantes do mundo.

Além de ser uma das línguas mais faladas, é uma das seis línguas oficiais da ONU e, assim como o Latim, o Grego e o Chinês, é considerada uma língua clássica, devido a sua importância histórica e grande influência em grande parte das línguas faladas na Europa, Ásia e África.

Se comunicar em árabe pode ser uma vantagem nos negócios com um vasto mercado, que compreende o Norte da África e o Oriente Médio.

Compreender a língua abre portas para culturas de influência islâmica, que abrange aproximadamente um quarto da população mundial.

É possível praticar o árabe sem sair do Brasil. Muitas das grandes cidades, como São Paulo e Rio de Janeiro, têm colônias árabes, o que permite uma imersão a um universo cultural, que abrange música, gastronomia, literatura e artes.

Estima-se que o Brasil tenha mais de 6 milhões de árabes e descendentes, sendo o país que tem mais imigrantes árabes no mundo. Há mais árabes no Brasil que em países árabes, como o Líbano, por exemplo.

Curiosidades:

Assim como o espanhol, o português tem muitas palavras provenientes do árabe. Alface, alfinete, azeite e xarope são exemplos de palavras influenciadas pelo árabe.

Durante muitos séculos, as línguas faladas na Península

Ibérica (Portugal e Espanha) eram escritas em alfabeto árabe. A principal delas era o moçárabe, língua latina semelhante ao português e ao espanhol. O árabe era a língua utilizada para educação, filosofia e literatura, além de ser usado pelas elites.

Da mesma maneira, influenciou diversas línguas da África e da Ásia avançando uma área de vários milhões de quilômetros quadrados. Entre os países e regiões que tiveram grande influência da língua árabe estão: Sudeste asiático (Indonésia, Malásia, etc), Índia, Paquistão, Ásia Central, países de língua persa (Irã, Afeganistão, etc.), Turquia e demais países de língua turca, Oeste e Sudeste europeus, Norte da África, Nigéria e países limítrofes, Leste da África [Quênia, Tanzânia e outros países de língua Suaíle], entre outros.

Durante a Idade Média, devido à invasão dos povos germânicos, havia se perdido grande parte da literatura clássica ocidental, principalmente relativa à filosofia grega. Foi graças aos árabes que muito do que se conhece hoje sobre filosofia e ciência foi registrado.

A influência na Europa e no mundo foi marcante e definitiva. Os números utilizados na matemática bem como seus conceitos são provenientes dos árabes e da Índia. Palavras usadas na maior parte das línguas europeias, como: álcool, café, limão, arroz, entre diversas outras, têm origem no árabe.

Muitos termos religiosos que utilizamos diariamente no Brasil têm correlação com expressões islâmicas. Exemplos são: "Se Deus quiser", "Deus me livre", "Benza Deus". O cumprimento mais comum utilizado em árabe é "que a paz esteja convosco" → سلام عليكم [salaam 'aleykum].

É comum ouvir no Ocidente que الله [Allah] é o "Deus dos muçulmanos". Todavia a palavra é simplesmente "Deus" em árabe e já era usada por cristãos e judeus que falavam árabe na Península Arábica, antes do nascimento e propagação do islã. Até hoje, na Bíblia em árabe, a palavra usada para Deus é Allah [الله].

O uso do árabe é intenso nas artes e na cultura, sendo possível achar influências em músicas *pop* ocidental. A famosa composição de Freddy Mercury, Bohemian Rhapsody possui o termo "Bismillah" [bi-sm-illah] بسم الله, que significa "Em nome de Deus" em árabe.

Com estas e diversas outras curiosidades, podemos perceber que o árabe é uma das línguas que mais abrem portas para um rico universo cultural.

1. Cumprimentos

Sim → نَعَم [na'am]

Não → لا [lä]

Bem-vindo(a) → أهلا وسهلا [ahlan wasahlan]

Por favor → مِن فَضلَك [min fáḍlak (m) | min fáḍlik (f)]

Obrigado! → شُكراً [şúkran]

Bom dia! → صَباح الخَير [sabaaħ al-ĥeyr]

Boa tarde! → مَساء الخَير [misáʿa-ĥeyr]

Boa noite! → مَساء الخير [misáʿ al-ĥeyr]

Como vai? → كيفَك؟ [kífak (m) | kífik (f)]

Bem, obrigado → بخَير، شُكراً [biĥeyr, şúkran]

Boa noite! (despedida) → تِصبَح عَلَى الخَير [tíşbaħ 'aläl-ĥeyr]

Adeus! Tchau! → مَع سَلامَة [maʿ salaama]

2. Informações Pessoais

Qual é seu nome? → ما إسمَك ؟ [ma-smak (m) ma-smik (f)]

Meu nome é Ahmad. → انا اسمِي أحمَد [ana smii aħmad]

Prazer em conhecer. → تَشَرَفنا [taşaráfna]

Você fala inglês? → هل تَتَكَلَم الإنجِليزِيَة؟ [hal tatakalam al-ingliziya]

De onde você é? → مِن أينَ أنت ؟ [min ayna enta (m) | min äyna enti (f)]

Brasil. → البَرازيل [al-barazil]

Portugal. → البُرتُغال [al-burtuʁal]

Angola. → أنغولا [angola]

Moçambique → موزَمبيق [muzanbiq]

Turista. → سائِح [sáʾıħ]

Pessoa de negócios. → شخص أعَمال [şaħş ʾaʿamaal]

Sou estudante. → أنا طالِب [ana ţaalıb]

3. Objetos e Animais

O quê? → شو؟ . ما؟ [maa | şu]

Férias → غطلَة [ʿúţla]

Chave → مِفتاح [miftaaħ]

Bagagem → أَمتعَة [amti'a]

Passaporte → جَواز سَفَر [jawáz sáfar]

Cachorro → كَلَب [kalb]

Gato → قَط [qaṭ]

Livro → كِتاب [kitaab]

Roupa → مَلابس [malabis]

Telefone → هاتِف [haatif]

4. Descrevendo as coisas

Isto é ... → ... هذا [haḍa]

Bom → خَير | كوَيس [ħeyr | kwayís]

Ruim → مِش كوَيس [miş kwayís]

Bonito → جَميل [jamiil]

Feio → قَبيح [qabiiħ]

Grande → كَبِير [kabiir]

Pequeno → صَغير [şaʁiir]

Branco → أبيَض [ábyaḍ]

Preto → أسوَد [aswad]

Vermelho → أحمَر [áħmar]

Azul → أزرَق [ázraq]

Amarelo → أصفَر [áşfar]

Verde → أخضَر [áħḍar]

Marrom → أسمَر [ásmar]

5. Tempo

Quando? → مَتى ؟ [máta]

Agora → ألآَن [äl-'aan]

Depois → فيما بَعد [fiima ba'ad]

Hoje → اليوم [al-yowm]

Frio → بَرد [bard]

Chuva → مُطر [múṭar]

Neve → ثَلج [ŧalj]

Quente / calor → حَار [ħaar]

Sol → شَمس [şams]

6. Lugares

Onde é...? → أين ... [ayna]

Banheiro / lavabo → الحَمام [al-ħamaam]

Hotel → فُندق [fúnduq]

Restaurante → مَطعَم [mát'am]

Hospital → مُستَشفَى [mustáşfa]

Aeroporto → مَطار [maţaar]

Casa → بَيت [beyt]

Perto → قَريب [qariib]

Longe → بَعيد [ba'iid]

Aberto → مَفتوح [maftuuħ]

Fechado → مَغلق [maʁlaq]

Centro de compras (mercado) → سوق [suuq]

7. Direções e Transporte

Aqui → هُنا [hunaa]

Direita → يَمين [yamiin]

Esquerda → يَسار [yasaar]

Reto → عَلى طول [ʼala ţuul]

Avião → طائرة [ţáʼera]

Carro → سَيارة [sayára]

Trem → قِطار [qiţaar]

Ônibus → باص [bas]

8. Pessoas

Quem? → مَن [man]

Eu → أنا [änä]

Tu / Você → أنتَ | أنتِ [enta (m) enti (f)]

Ele → هوَ [huwa]

Ela → هِي [hiya]

Nós → نَحنَ [naħna]

Vós / Vocês → أنتُم [antum]

Eles → هُم [hom]

Elas → هن [hon]

Homem → رَجُل [rájul]

Mulher → امرأة [imra']

Pai → أَب ['ab]

Mãe → أُم ['úm]

Filho → إِبن [ében]

Filha → إِبنة [ébna]

Amigo → صَديق [ṣadiiq]

Marido → زَوج [zạwj]

Esposa → زَوجة [zạwja]

Amor → حُب [ħobb]

Eu te amo → أُحِبَك [oħíbak (m) oħíbik (f)]

9. Comes e Bebes

Comida → طَعام [ṭaʿaam]

Pão → خُبز [ĥúbz]

Fruta → فاكِهة [fääkiha]

Peixe → سَمك [sámäk]

Galinha → دَجاج [dajaaj]

Carne → لَحم [láħm]

Leite → خَليب [ħaliib]

Água → مَاء [maa']

Suco → عَصير [ʿaṣiir]

10. Números

Quanto? → كَم [kam]

Quanto custa? → بِكم هَذا [bikäm háđaa]

Caro → غَالي [ʁáli]

Barato → رَخيص [raĥiiṣ]

Um → واحد [wáħed]

Dois → اثنان [itneyn]

Três → ثلاثة [tälääta]

Quatro → أربعة ['árbaʿa]

Cinco → خمسة [ĥámsa]

Seis → ستة [sita]

Sete → سبعة [sábʿa]

Oito → ثمانية [tamaanya]

Nove → تسعة [tisʿa]

Dez → عشرة ['áşara]

Quinze → خمسة عشر [ĥamstáşar]

Vinte → عشرون ['aşruun]

Vinte e cinco → خمسة وعشرون [ĥámsa wa ʿaşruun]

Cinquenta → خمسون [ĥamsuun]

Cem → مائة [miiyaʾa]

Duzentos → مائتان [maaʾitaan]

Duzentos e cinquenta → مائتان وخمسون [miya ya ĥamsiin]

Quinhentos → خمسمائة [ĥámsa maʾa]

Mil → ألف ['älf]

CHINÊS

Falantes:

Em números de falantes, o chinês é a língua mais falada do mundo com 1,2 bilhão de locutores nativos. Além disso, é estudada como segunda língua. Com a ascensão da China como potência global, cada vez mais pessoas estão aprendendo a língua. Estima-se que mais de 6 milhões de não chineses já tenham proficiência na língua.

Onde é falado:

O chinês (mandarim) é língua oficial da China, de Cingapura e de Taiwan (Formosa). Também é língua oficial de inúmeras instituições internacionais, e junto com outras 5, é língua oficial da ONU. Além disso, é falada pelo grande número de chineses que moram no Brasil. Basta uma caminhada pela Avenida Paulista em São Paulo e será possível escutar pessoas falando a língua.

Classificação:

Antes de tudo, é preciso definir o que é chinês. A China é um país com vasto território, em que muitas línguas e dialetos são falados. O chinês a que nós normalmente nos referimos trata-se do mandarim, conhecido localmente como 汉语, *Hànyǔ*. Esta língua é relacionada à etnia chinesa 汉 *Hàn* e é falada pela maior parte da população chinesa.

O chinês pertence à família linguística sino-tibetana, que inclui diversas línguas da China e do continente asiático. É importante ressaltar que o coreano e o japonês não pertencem a esta família, tendo diferenças estruturais bastante diferenciadas.

O mandarim é uma língua analítica. As palavras não declinam, não conjugam, ou seja, não variam. Assim, não existem em chinês terminações de plural, conjugações verbais, flexões nominais ou nada do tipo. Mas como as pessoas mostram o tempo verbal, por exemplo?

É muito simples, usam partículas ou identificam quando a ação acontece. A frase "eu leio (o) livro" em Chinês é 我看书 *wǒ kàn shū*, em que *wǒ* significa eu, *kàn* significa ver e *shū* significa livro. Para passar a frase para o passado basta acrescentar 了 *le* depois do verbo ver. Assim 我看了书 *wǒ kàn le shū,* quer dizer eu li (o) livro. O mesmo acontece com plural e outras funções. Isso torna a língua relativamente fácil, no aspecto gramatical.

Por outro lado, a pronúncia pode constituir um grande desafio para quem quer aprender a língua. O mandarim tem sons que não temos na língua portuguesa, e, embora tenha uma versão oficial de transcrição em alfabeto romano, ainda é um grande desafio para jornalistas e outros profissionais, que na maioria das vezes distorcem significantemente a pronúncia de cidades e personalidades chinesas por desconhecerem os sons.

Além disso, existe a tonalidade. O mandarim tem quatro tons mais um neutro (sem tom). Se a palavra for pronunciada com o tom diferente, o significado muda. Por exemplo, a palavra *mǎ* é pronunciada no tom cadente crescente [semelhante ao tom que fazemos quando perguntamos algo com estranheza] e quer dizer "cavalo". Se pronunciada no tom alto, *mā* significa "mãe". Por isso, na transcrição fonética em alfabeto romano, as vogais levam o acento correspondente ao tom para que os estudantes possam pronunciar corretamente as palavras.

Por último, a escrita do mandarim não usa alfabeto, mas sim logogramas. Cada nova palavra aprendida constitui-se de um novo conjunto de "desenhos" ou "glifos" agrupados a serem memorizados.

Destaques:

Uma das línguas mais antigas do mundo, o chinês é considerado uma língua clássica, assim como o latim e o grego, por exemplo.

Aprender o chinês costuma ser um grande estímulo ao cérebro, visto que tem uma estrutura diferente das línguas ocidentais e a escrita representa uma outra linguagem a ser aprendida simultaneamente.

A China quase sempre esteve na vanguarda de muitos desenvolvimentos filosófico-científicos no mundo. Hoje, investe muito em educação e ciência, o que deve colocar o país em destaque.

Além disso, o desenvolvimento econômico chinês indica que o país deverá ser a principal potência econômica no mundo em breve, e por isso, sua influência nos negócios deve ser cada vez maior.

Há uma grande oportunidade para praticar a língua em grandes cidades do Brasil, já que existe, quase sempre, uma grande comunidade de chineses vivendo nos centros urbanos.

Curiosidades:

A escrita chinesa 汉字 *Hànzì* já foi usada para escrever coreano e vietnamita, além do japonês que ainda a usa. No Japão, é conhecida como *kanji*.

A maior parte das palavras escritas em chinês usa uma mistura de glifos que dão ideia de significado e pronúncia da palavra. Usando os mesmos exemplos anteriores, temos 马 *mǎ*, que é um antigo glifo que significa cavalo. Acrescentando a ele o glifo mulher 女, temos a palavra 妈 *mā*, que significa mãe. Assim, o glifo referente a cavalo dá uma dica de como a palavra deve ser pronunciada.

A escrita chinesa usada hoje na República Popular da China difere-se daquela usada em Hong Kong, Macau e no Japão, visto que sofreu uma reforma no intento de aumentar o número de chineses capazes de ler sua língua. Esta versão é chamada de chinês simplificado.

Em Hong Kong e Macau, a língua mais falada é o cantonês, que se difere significantemente do mandarim.

Nas frases, usarei transcrição oficial chinesa e a proposta nesse guia em seguida.

1. Cumprimentos

Sim → 是 [Shì | ṣì]

Não → 不是 [Búshì | pú ṣì]

Bem-vindo(a) → 欢迎 [Huān yíng | hwān yíŋ]

Por favor → 请 [Qǐng | tŝhǐŋ]

Obrigado! → 谢谢 [Xièxiè! | ŝyè ŝyè]

Bom dia! → 早上好！[Zǎoshang hǎo! | tsǎw ṣaŋ ĥǎw]

Boa tarde! → 下午好！[Xiàwǔ hǎo! | ŝyà wǔ ĥǎw!]

Boa noite! (chegada) → 晚上好！[Wǎnshàng hǎo! | wǎn ṣàŋ ĥǎo]

Como vai? → 您好吗？[Nín hǎo ma? | nín ĥǎw ma]

Bem, obrigado. → 很好，谢谢。[Hěn hǎo, xièxiè! | ĥặn ĥǎo, ŝièŝiè!]

Boa noite! (despedida) → 晚安！[Wǎn'ān! | wǎn ān]

Adeus! Tchau! → 再见！[Zàijiàn! | tsày tŝyǎn]

2. Informações Pessoais

Qual é seu nome? → 您贵姓？[Nín guìxìng? | nín kwì ŝìŋ]

Meu nome é Wang. → 我姓王。[Wǒ xìng Wáng. | wǒ ŝìŋ wáŋ]

Prazer em conhecer. → 认识您我很高兴。[Rènshì nín wǒ hěn gāoxìng. | ṛànṣì nín wǒ ĥặn kāw ŝìŋ]

Você fala Inglês? → 您会说英语吗？[Nín huì shuō yīngyǔ ma? | nín ĥwì ṣwǒ yīŋ yǔ ma]

De onde você é? → 你是哪里人？[Nǐ shì nǎlǐ rén | nǐ ṣì nǎlǐ ṛen]

Brasil → 巴西 [Bāxī | pāŝī]

Portugal → 葡萄牙 [Pútáoyá | phú tháw yá]

Angola → 安哥拉 [Āngēlā | ān kạ lā]

Moçambique → 莫桑比克 [Mòsāngbǐkè | mò sāŋ pǐ khạ]

Sou turista. → 我是旅客。[Wǒ shì lǚkè | wǒ ṣì lǚ khạ]

Sou uma pessoa de negócios. → 我是商人。[Wǒ shì shāngrén. | wǒ ṣì ŝāŋ ṛén]

Sou estudante. → 我是学生。[Wǒ shì xuéshēng. | wǒ ṣì ŝwé ṣạ̄ŋ]

3. Objetos e Animais

O quê? → 什么？[Shénme? | ṣạ́n mạ]

Férias → 假期 [Jiàqi | tŝyà tŝhi]

Chave → 钥匙 [Yàoshi | yàw ṣị]

Bagagem → 行李 [Xínglǐ | ŝíŋ lǐ]

Passaporte → 护照 [Hùzhào | ĥù tṣàw]

Cachorro → 狗 [Gǒu | kǒw]

Gato → 猫 [Māo | māw]

Livro → 书 [Shū | ṣū]

Roupa → 衣服 [Yīfú | yī fú]

Telefone → 电话 [Diànhuà | tyàn ĥwà]

4. Descrevendo as coisas

Bom → 好 [Hǎo | ĥǎw]

Ruim → 坏, 不好 [Huài, bù hǎo | ĥwày, pù ĥǎw]

Bonito → 漂亮 [Piàoliang | phiàw lyaŋ]

Feio → 丑陋 [Chǒulòu | tʂhǒw lòw]

Grande → 大 [Dà | tà]

Pequeno → 小 [Xiǎo | ŝyǎw]

Branco → 白色 [Báisè | páy sà̠]

Preto → 黑色 [Hēisè | ĥā̠y sà̠]

Vermelho → 红色 [Hóngsè | ĥóŋ sà̠]

Azul → 蓝色 [Lánsè | lán sà̠]

Amarelo → 黄色 [Huángsè | ĥwáŋ sà̠]

Verde → 绿色 [Lǜsè | lǜ sà̠]

Marrom → 褐色 [Hésè | ĥá̠ sà̠]

5. Tempo

Quando? → 什么时候？[Shénme shíhòu? | ʂá̠n ma̠ ʂí̠ ĥòw]

Agora → 现在 [Xiànzài | ŝyàn tsày]

Depois → 后来 [Hòulái | ĥòw láy]

Hoje → 今天 [Jīntiān | tŝīn thyā̠n]

Frio → 冷 [Lěng | lǎ̠ŋ]

Chuva → 雨 [Yǔ | yǔ]

Neve → 雪 [Xuě | ŝüě̠]

Quente / calor → 热 [Rè | ɽà̠]

Sol → 太阳 [Tàiyáng | thày yáŋ]

6. Lugares

Onde é...? → ... 在那儿？[... zài nàr? | tsày nà̠ɽ]

Banheiro / lavabo → 厕所 [Cèsuo | tshà̠ swo]

Hotel → 饭店 [Fàndiàn | fàn tyàn]

Restaurante → 饭馆 [Fànguǎn | fàn kwǎn]

Hospital → 醫院 [Yīyuàn | yī yüàn]

Aeroporto → 飞机场 [Fēijī chǎng | fēi tŝī tŝhǎŋ]

Casa → 房子 [Fángzi | fáŋ tsị]

Perto → 近 [Jìn | tŝìn]

Longe → 远 [Yuǎn | yüǎn]

Aberto → 营业中 [Yíngyè zhōng | yíŋ yè tŝoŋ]

Fechado → 关闭 [Guānbì | kwān pì]

Centro de compras? → 购物中心 [Gòuwù zhòng xīn | kòw wù tŝòŋ ŝīn]

7. Direções e Transporte

Aqui → 在这儿 [Zài zhèr | tsày tŝàr]

Direita → 右边儿 [Yòubiānr | yòw pyānr]

Esquerda → 左边儿 [Zuǒbiānr | tswǒ pyānr]

Reto [sempre] → 一直 [Yīzhí | yī tŝí]

Avião → 飞机 [Fēijī | fēy tŝī]

Carro → 车 [Chē | tŝhạ]

Trem → 火车 [Huǒchē | ĥuǒ tŝhĥē]

Ônibus → 公共汽车 [Gōnggòng qìchē | kōŋ kòŋ tŝhì tŝạ]

8. Pessoas

Quem? → 谁 [shéi? | ŝéy]

Eu → 我 [Wǒ | wǒ]

Tu / Você → 您 [Nín | nín]

Ele → 他 [Tā | thā]

Ela → 她 [Tā | thā]

Ele / Ela (neutro) → 它 [Tā | thā]

Nós → 我们 [Wǒmen | wǒ mạn]

Vós / Vocês → 你们, 您们 [Nímen, Nímen | ní mạn, nín mạn]

Eles → 他们 [Tāmen | thā mạn]

Elas → 他们 [Tāmen | thā mạn]

Homem → 男人 [Nánrén | nán ṛán]

Mulher → 女人 [Nǚrén | nǚ ṛán]

Pai → 爸爸 [Bàba | pàpa]

Mãe → 妈妈 [Māmā | māmā]

Filho → 儿子 [Érzi | áṛ tsị]

Filha → 女儿 [Nǚ'ér | nǚ áṛ]

Amigo(a) → 朋友 [Péngyou | pháŋ yow]

Marido → 丈夫 [Zhàngfū | tʂàŋ fū]

Esposa → 妻子 [Qīzi | tʂ̂hī tsị]

Amor → 爱 [Ài | ày]

Eu te amo → 我爱你 [Wǒ ài nǐ | wǒ ày nǐ]

9. Comes e Bebes

Comida → 食物 [Shíwù | ʂị́ wù]

Pão → 面包 [Miànbāo | myàn pāw]

Fruta → 水果 [Shuǐguǒ | ʂwǐ kuǒ]

Peixe → 鱼 [Yú | yǘ]

Pato → 鸭 [Yā | yā]

Galinha → 鸡 [Jī | tʂ̂ī]

Carne → 肉 [Ròu | ṛòw]

Leite → 牛奶 [Niúnǎi | nyú nǎy]

Água → 水 [Shuǐ | ʂwěy]

Suco [de frutas] → 果汁 [Guǒzhī | kwǒ tʂ̣ī]

10. Números

Quanto? → 多少 [Duōshǎo | twō ʂǎw]

Quanto custa? → 这个多少钱 [Zhège duōshǎo qián? | tʂàkạ dwō ʂǎw tʂ̂hyán]

Caro → 贵 [Guì | kwì]

Barato → 便宜 [Piányí | phyán yí]

Um → 一 [Yī, | yī]

Dois → 二 [Èr | àṛ]

Três → 三 [Sān | sān]

Quatro → 四 [Sì | sì]

Cinco → 五 [Wǔ | wǔ]

Seis → 六 [Liù | lyèw]

Sete → 七 [Qī | tŝhī]

Oito → 八 [Bā | pā]

Nove → 九 [Jiǔ | tŝyǒw]

Dez → 十 [Shí | ŝí]

Quinze → 十五 [Shíwǔ | ŝí wǔ]

Vinte → 二十 [Érshí | àṛ ŝí]

Vinte e cinco → 二十五 [Èrshíwǔ | àṛ ŝí wǔ]

Cinquenta → 五十 [Wǔshí | wǔ ŝí]

Cem → 一百 [yībǎi | Yī pǎy]

Duzentos → 两百 [Wǔbai | wǔ pǎy]

Duzentos e cinquenta → 二百五十 [èrbǎiwǔshí | àṛ pǎy wǔ ŝí]

Quinhentos → 五百 [Wǔ bǎi | wǔ pǎy]

Mil → 一千 [Yīqiān | yī tŝhyān]

É importante acrescentar que 10.000 em chinês é uma palavra só, como mil ou milhão. Isso interfere na contagem a partir de então.

Um → Gè 个 [kà]

Dez → Shí 十 [ŝí]

Cem → Bǎi 百 [pǎy]

Mil → Qiān 千 [tŝyǟn]

Dez mil → Wàn 万 [wàn]

Cem mil → Shí wàn 十万 [ŝí wàn]

Um milhão → Bǎi wàn 百万 [pǎy wàn]

Dez milhões → Qiān wàn 千万 [tŝyǟn wàn]

Um bilhão → Yì 亿 [yì]

Um bilhão → Shí yì 十亿 [ŝí yì]

Dez bilhões → Bǎi yì 百亿 [pǎy yì]

Cem bilhões → Qiān yì 千亿 [tŝyǟn yì]

ESPANHOL

Falantes:

O espanhol está entre as línguas mais faladas do mundo, tendo em torno de 470 milhões de falantes nativos e podendo ter mais 100 milhões de falantes como segunda língua. É uma língua bastante associada à cultura latina e à tropicalidade, o que leva muitos estrangeiros a acreditarem que no Brasil se fala espanhol. Está entre as línguas mais utilizadas no turismo e nos negócios internacionais, principalmente para brasileiros, cujas relações com os países vizinhos de língua espanhola têm sido bastante intensas.

Onde é falado:

É primeira língua ou língua oficial em 20 países, incluindo a Espanha e diversas nações espalhadas principalmente pelas Américas. É importante frisar que o espanhol não é a única língua oficial utilizada da Espanha. Lá também se usam línguas regionais que tiveram grande importância histórica, como o catalão, o basco e o galego, língua da qual descende o português. O mesmo ocorre em outros países, como Peru, onde o quéchua e outras línguas da civilização inca ainda são faladas e no Paraguai, onde o guarani é falado pela maior parte da população, incluindo indígenas e eurodescendentes.

Classificação:

Semelhante ao português, o espanhol também é uma língua latina da família indo-europeia. As duas línguas compartilham muitas similaridades gramaticais e de vocabulário. Entretanto, algumas diferenças podem dificultar a compreensão mútua entre falantes das duas línguas. Entre elas, estão a regularidade fonética da pronúncia e a menor quantidade de vogais do espanhol [a, e, i, o, u] em relação ao português [a, a̧, e, ȩ, i, o, o̧, u, ã, ȩ, ĩ, õ, ũ]. Outra dificuldade encontrada na compreensão mútua estão os falsos cognatos, ou seja, palavras que se parecem mutuamente, mas que têm significados diferentes. Por isso decidi incluir na lista de palavras algumas das que mais causam confusão sob o título "11- falsos cognatos" logo adiante no livro.

Destaques:

Além de ser uma das línguas mais faladas como língua materna, o espanhol está entre as mais estudadas como segunda língua. Nos E.U.A., onde inexiste língua com *status* "oficial", o espanhol é a segunda língua mais falada com um percentual de falantes que se aproxima de 20% da população, concentrados, principalmente, nos estados mais ao Sul e Sudoeste como, por exemplo, a Califórnia.

É uma das línguas oficiais da ONU e a língua mais falada entre os países que fazem fronteira com o Brasil. Também está entre as línguas mais fáceis para se aprender para quem fala o português. Pequenas empresas e negócios relacionados ao turismo geralmente têm bastante contato com o público latino.

O espanhol, a que geralmente nos referimos, na verdade, é a língua do reino de Castela, chamada de castelhano, visto que na Espanha existem diversas outras línguas relacionadas a outros reinos. Portugal foi um dos primeiros países europeus e do mundo a se constituir como estado, tendo sucesso na sua independência dos demais estados da Península Ibérica. Outros, entretanto, passaram a fazer parte do que hoje é a Espanha. Muitas de suas línguas, porém, são mantidas e reconhecidas, sendo usadas nos meios de comunicação, sinalização pública e universidades. O catalão, por exemplo, foi uma das primeiras línguas latinas a serem escritas depois do latim e alcançou vastas regiões do Mediterrâneo, incluindo o sul da França, partes da Itália e até mesmo da Grécia.

Todavia, a relevância atual da língua castelhana é irrefutável. A intercomunicação entre falantes da língua portuguesa e da castelhana forma um grupo de falantes que em números rivalizaria apenas com a China, mas tendo possivelmente uma influência territorial mais vasta, uma vez que Portugal e a Espanha foram pioneiros nos impérios coloniais globais, deixando influências em praticamente todos os continentes do mundo.

O espanhol é língua de importantes obras literárias, como Don Quixote, de Miguel de Cervantes, além de inúmeros filmes que nos permitem compreender a cultura dos países vizinhos. Entre atores famosos, originalmente de língua espanhola, estão: Antonio Bandras, Penelope Cruz e Salma Hayk.

No que toca à música, é impossível ignorar a importância do espanhol. Tango, merengue, reggaeton, mambo, flamenco, salsa, rumba e tantos outros compõem um universo cultural que merece atenção e garante diversão. Além de tudo, a língua é considerada internacionalmente melodiosa, bonita e "*caliente*"!

Curiosidades:

O espanhol, ou melhor, o castelhano é um idioma relativamente fonético, ou seja, existe uma tendência de pronúncia regular das letras, o que não é tão rigoroso em português. Isso contribui para que os falantes de português tenham mais facilidade para compreender o espanhol do que o contrário.

Assim como o português, o espanhol sofreu influência da língua árabe, tendo diversas palavras oriundas daquela língua. Um bom exemplo é a palavra *Usted*, que significa "você" proveniente da palavra árabe أستاذ [ustääđ], que significa professor e é usada para tratar pessoas respeitosamente.

O ~ usado tanto em português como no espanhol surgiu provavelmente a partir de uma forma de abreviar o **n** de modo a economizar espaço no papel.

1. Cumprimentos

Sim → Sí [si]

Não → No [no]

Bem-vindo(a) → Bienvenido(a) [byen benido(a)]

Por favor → Por favor [por fabor]

Obrigado! → ¡Gracias! [grásyas]

Bom dia! → ¡Buenos días! [bwenos dias]

Boa tarde! → ¡Buenas tardes! [bwenas tardes]

Boa noite! → ¡Buenas noches! [bwenas notşes]

Como vai? → ¿Cómo está? [komo está]

Bem, obrigado. → Bien, gracias. [byen grásyas]

2. Informações Pessoais

Qual é seu nome? → ¿Cuál es su nombre? [kwal es su nomebre]

Meu nome é Ana. → Mi nombre es Ana. [mi nombre es ana]

Prazer em conhecer. → Encantado (M) | Encantada(F). [enkantada | enkantado]

Você fala português? → ¿Usted habla portugués? [ustéd habla portugés]

De onde você é? → ¿De dónde es Usted? [de donde es ustéd]

Brasil → Brasil [brasíl]

Portugal → Portugal [portugal]

Angola → Angola [angola]

Moçambique → Mozambique [mosambike]

Turista → Turista [turista]

Pessoa de negócios → Persona de negocios [persona de negósios]

Estudante → Estudiante [estudyante]

3. Objetos e Animais

O quê? → ¿Qué? [ke]

Férias → Vacaciones [bakasyones]

Chave → Llave [djabe]

Bagagem → Equipaje [ekipaĥe]

Passaporte → Pasaporte [pasaporte]

Cachorro → Perro [perro]

Gato → Gato [gato]

Livro → Libro [libro]

Roupa → Ropa [ropa]

Telefone → Teléfono [teléfono]

4. Descrevendo as coisas

Isto é ... → Esto es ...[no es]

Bom → Bueno [bweno]

Ruim → Malo [malo]

Bonito → Bonito(a) [bonito/a]

Feio → Feo (m) fea (f) [feo (m) fea (f)]

Grande → Grande [grande]

Pequeno → Pequeño [pekeño]

Branco → Blanco [blanko]

Preto → Negro [negro]

Vermelho → Rojo [roĥo]

Azul → Azul [Asul]

Amarelo → Amarillo [amaridjo]

Verde → Verde [berde]

Marrom → Marrón [marrón]

5. Tempo

Quando? → ¿Cuándo? [kwando]

Agora → Ahora [ahora]

Depois → Después [despwés]

Hoje → Hoy [oy]

Frio → Frío [frio]

Chuva → Lluvia [djúbya]

Neve → Nieve [nyebe]

Quente / calor → Caliente [kalyente]

Sol → Sol [sol]

6. Lugares

Onde é...? → Dónde es... [donde es]

Banheiro / lavabo → Baño [baño]

Hotel → Hotel [otel]

Restaurante → Restaurante [restawrante]

Hospital → Hospital [ospital]

Aeroporto → Aeropuerto [aeropwerto]

Casa → Casa [kasa]

Perto → Cerca [serka]

Longe → Lejos [léĥos]

Aberto → Abierto [abyerto]

Fechado → Cerrado [serrado]

Centro de compras → Centro de compras [sentro de kompras]

7. Direções e Transporte

Aqui → Aquí [aki]

Direita → Derecha [deretşa]

Esquerda → Izquierda [iskyerda]

Reto → Directo [direkto]

Avião → Avión [abyón]

Carro → Coche [kotşe]

Trem → Tren [tren]

Ônibus → Autobús [awtobús]

8. Pessoas

Quem? → ¿Quién? [kyen]

Eu → Yo [djo]

Tu / você → Tú / Usted [tu / usted]

Ele → Él [el]

Ela → Ella [edja]

Nós → Nosotros [nosotros]

Vós / vocês → Vosotros | Ustedes [bosotros / ustedes]

Eles → Ellos [edjos]

Elas → Ellas [edjas]

Homem → Hombre [ombre]

Mulher → Mujer [muĥer]

Pai → Padre [padre]

Mãe → Madre [madre]

Filho → Hijo [iĥo]

Filha → Hija [iĥa]

Amigo / amiga → Amigo (m) / amiga (f) [amigo (m) / amiga (f)]

Marido → Marido [marido]

Esposa → Esposa [esposa]

Amor → Amor [amor]

Eu te amo → Yo te amo [djo te amo]

9. Comes e Bebes

Comida → Comida [komida]

Pão → Pan [pan]

Fruta → Fruta [fruta]

Peixe → Pescado [peskado]

Galinha → Pollo [podjo]

Carne → Carne [karne]

Leite → Leche [letşe]

Água → Agua [ágwa]

Suco → Jugo [ĥugo]

10. Números

Quanto? → ¿Cuánto? [kwando]

Quanto custa? ¿Cuanto cuesta? [kwanto kwesta]

Caro → Caro [karo]

Barato → Barato [barato]

Um → Uno [uno]

Dois → Dos [dos]

Três → Tres [tres]

Quatro → Cuatro [kwatro]

Cinco → Cinco [sinko]

Seis → Seis [seys]

Sete → Siete [syete]

Oito → Ocho [otşo]

Nove → Nueve [nwebe]

Dez → Diez [dyes]

Quinze → Quince [kinse]

Vinte → Veinte [beynbte]

Vinte e cinco → Veinticinco [veyntisinko]

Cinquenta → Cincuenta [sinkwenta]

Cem → Cien [syen]

Duzentos → Doscientos [dosyentos]

Duzentos e cinquenta → Doscientos cincuenta [dosyentos sinkwenta]

Quinhentos → Quinientos [kinyentos]

Mil → Mil [mil]

11. Falsos Cognatos

Aceitar [aseitar] → Passar óleo

Aceite [aseite] → Azeite, óleo

Acordarse [akordarse] → Lembrar-se

Alejado [alehado] → Distante

Agasajar [agasahar] → Presentear

Apellido [apedjido] → Sobrenome

Balcón [balcón] → Sacada

Berro [berro] → Agrião

Billón [bidjón] → Trilhão

Borracho [borratşo] → Bêbado

Borrar [borrar] → Apagar

Brinco [brinko] → Pulo

Cachorros [katşorros] → Filhotes

Calar [kalar] → Molhar completamente

Cena [sena] → Jantar

Chocho [tşotşo] → Feliz

Chulo [tşulo] → Bonito, legal

Cubierto [kubyerto] → Talher

Cuello [kwedjo] → Pescoço

Embarazada [embarasada] → Grávida

Exquisito [ekskisito] → Requintado, gostoso

Extrañar [ekstrañar] → Sentir saudades

Fecha [fetşa] → Data

Grasa [grasa] → Gordura

Guitarra [gitarra] → Violão

Ofisina [ofisina] → Escritório

Pastel [pastel] → Bolo

Pegar [pegar] → Colar

Pelado [pelado] → Careca

Pelo [pelo] → Cabelo

Polvo [polbo] → Poeira

Pronto [pronto] → Logo

Rato [rato] → Momento

Ratón [ratón] → Rato

Rojos [roĥos] → Vermelho

Rubio [rubyo] → Loiro

Tasa [tasa] → Taxa

Taza [tasa] → Xícara

Todavía [todavía] → Ainda

Vaso [baso] → Copo

Zorro [sorro] → Raposa

Zurdo [surdo] → Canhoto

FRANCÊS

Falantes:

O francês é falado por aproximadamente 340 milhões de pessoas, das quais 115 milhões o falam como primeira língua. É um dos idiomas mais utilizados nas relações internacionais, negócios e publicações científico-culturais.

Onde é falado:

É primeira língua ou língua oficial na França, da região do Quebec no Canadá, de parte da Bélgica e da Suíça, entre outros. Além disso, é falado em diversos países, principalmente da África. Nos países árabes da região do Magreb, além do Líbano e da Síria, é bastante usado como segunda língua. É uma língua importante em termos globais e uma das oficiais da ONU. No Brasil, está entre as línguas mais estudadas e já foi obrigatória no ensino público.

Classificação:

Assim como o português, o francês é uma língua latina. Muitas das características do português são encontradas na língua francesa, como gêneros masculino e feminino, tempos e conjugações verbais. Uma das principais diferenças é que o francês falado não apresenta tantas flexões, o que torna a língua muito mais fácil de aprender. Por exemplo, a palavra *livre*, "livro" e seu plural *"livres"* são pronunciados da mesma maneira /livʁ/. Não pronunciar as últimas letras das palavras é um fenômeno bastante comum em francês.

Destaques:

O francês está, sem dúvida, entre as línguas de maior prestígio internacional. Além de ser falado por um grande número de pessoas e ser língua oficial em diversas organizações internacionais, assim como o inglês, o francês pode abrir muitas portas para o mercado de trabalho.

São inúmeras as empresas e marcas multinacionais de origem francófona, como Michelin, Chanel, Danone, L'Oréal, Renault, Citroën, Le Roy Merlin e muitas outras.

O francês também tem destaque como língua internacional da gastronomia, moda, teatro, artes visuais, dança e arquitetura. Saber francês oferece acesso a grandes obras de literatura, filmes e músicas. O francês é a língua de Victor Hugo, de Molière, de Léopold Sendar Senghor, de Voltaire, de Levi Strauss, de Edith Piaf, de Jean-Paul Sartre, de René Descartes, de Jacques Lacan, de Allan Kardec, de Alain Delon, de Charles Aznavour, de Zinedine Zidane e, já deu para perceber, de uma incontável lista de notáveis.

Além de tudo, a língua é frequentemente qualificada como bela, rica e melodiosa. Muitos a chamam de linguagem do amor e da sofisticação. Falar e pronunciar marcas, pratos ou nomes em francês pode transmitir um capital intelectual ao falante. Muitos dos desenvolvimentos na língua francesa promovem o pensamento crítico, que é uma habilidade valiosa para argumentação e negociação.

Por fim, está entre as línguas mais fáceis do mundo para quem fala português.

Curiosidades:

O francês é uma língua bastante curiosa e interessante. Grande parte do vocabulário do inglês, quase 30%, vem do francês, por exemplo:

To arrive: arriver

To change: changer

To regard: regarder

To search: chercher

Portanto, para quem fala inglês e português, aprender francês tem grandes chances de ser algo relativamente fácil e rápido.

O francês tem muitas expressões provenientes da linguagem vulgar. Por exemplo, a palavra "sempre" é *"toujours"*, que na verdade é a união de radicais originais: "todo" e "dia", ou seja, "sempre" em francês tem a ver com "todo dia".

A língua também tem um vasto número de palavras homófonas, ou seja, que se pronunciam da mesma maneira. *Maire*, "mãe" e *mer*, "mar" são pronunciadas de forma exatamente igual: "mér" /mɛʁ/. Muitos escritores e poetas usam desta característica da língua para dar duplos sentidos aos termos. O psicanalista Jacques Lacan usou o famoso termo *Nom-Du-Père*, "Nome do pai" que, no francês falado, também soa como o "Não do pai", fazendo alusão à estrutura edipiana abordada por Sigmund Freud.

1. Cumprimentos

Sim → Oui [uwi]

Não → Non [nõ]

Bem-vindo(a) → Bienvenue [byãvnü]

Por favor → S'il vous plaît [sil vu plẹ]

Obrigado! → Merci! [mẹʁsí]

Bom dia! → Bonjour! [bõjuʁ]

Boa tarde! → Bon après-midi! [bõ napʁẹ́-midí]

Boa noite! → Bonsoir! [bõswaʁ]

Como vai? → Comment ça va? [komãt sa va]

Bem, obrigado → Bien, merci. [biã, mẹʁsí]

Boa noite! (despedida) → Bonne nuit! [Bõnnüi]

Adeus! Tchau! → Adieu! Au revoir! [adiö / o ʁịvwaʁ]

2. Informações Pessoais

Qual é seu nome? → Comment vous vous appelez? [Komã vus vuzaplé]

Meu nome é Jean. → Je m'appelle Jean. [Jị mapẹl Jã]

Prazer em conhecer. → Enchanté. [ãşãnté]

Você fala inglês? → Parlez-vous anglais? [Paʁlé vuzanglẹ]

Qual é a sua nacionalidade? → Quelle est votre nationalité? [kelẹ voțʁ nasyonalité]

Brasil → Brésil [bʁésil]

Portugal → Portugal [poʁtügal]

Angola → Angola [angolá]

Moçambique → Mozabique [mozombik]

Turista. → Touriste. [tuʁist]

Sou uma pessoa de negócios. → Je suis un homme d'affaires (M) / Je suis une femme d'affaires (F) [ji̧ swi zą̃nǫm dafęʁ (M) / ji̧ swi zün fą̧m dafęʁ (F)]

Sou estudante. → Je suis un étudiant. (M) Je suis une étudiante. (F) [ji̧ swi zą̃ netüdyą̃ / ji̧ swi zün netüdyą̧t (F)]

3. Objetos e Animais

Férias → Vacances [vaką̧s]

Chave → Clé [kle]

Bagagem → Bagages [bagaj]

Passaporte → Passeport [paspǫʁ]

Cachorro → Chien [şyã]

Gato → Chat [şa]

Livro → Livre [livʁ]

Roupa → Vêtements [vętmą̃]

Telefone → Téléphone [telefǫn]

4. Descrevendo as coisas

Bom → Bon [bõ]

Ruim → Mauvais [movę̧]

Bonito → Beau [bo]

Feio → Laid [lę]

Grande → Grand [gʁą̃]

Pequeno → Petit [pti]

Branco → Blanc [blą̃]

Preto → Noir [nwaʁ]

Vermelho → Rouge [ʁuj]

Azul → Bleu [blö]

Amarelo → Jaune [jǫn]

Verde → Vert [vęʁt]

Marrom → Marron [maʁõ]

5. Tempo

Quando? → Quand? [kã]

Agora → Maintenant [mẹtnã]

Depois → Après [apʁès]

Hoje → Aujourd'hui [ojuʁdwí]

Frio → Froid [fʁwá]

Chuva → Pluie [plüi]

Neve → Neige [nẹj]

Quente / calor → Chaud / chaleur [şo / şalö̈ʁ]

Sol → Soleil [solẹy]

6. Lugares

Onde é...? → Où est... [wẹ]

Banheiro / lavabo → Toilette [twalẹt]

Hotel → Hôtel [otẹl]

Restaurante → Restaurant [ʁẹstoʁã]

Hospital → Hôpital [opital]

Aeroporto → Aéroport [aeʁopọʁ]

Casa → Maison [mẹzõ]

Perto → Proche [pʁọş]

Longe → Loin [lwã]

Aberto → Ouvert [uvẹʁ]

Fechado → Fermé [fẹʁmé]

Centro de compras → Centre commercial? [sã̧tʁ komẹʁcyal]

7. Direções e Transporte

Aqui → Ici [isí]

Direita → Droit [dʁwá]

Esquerda → Gauche [goş]

Reto → Tout droit [tu dʁwá]

Avião → Avion [avyõ]

Carro → Voiture [vwatüʁ]

Trem → Train [tʁã]

Ônibus → Bus [büs]

8. Pessoas

Quem? → Qui? [ki]

Eu → Je [jö]

Tu / Você → Tu / Vous [tü / vu]

Ele → Il [il]

Ela → Elle [ęlle]

Nós → Nous [nu]

Vós / Vocês → Vous [vu]

Eles → Ils [il]

Elas → Elles [ęl]

Homem → Homme [ọm]

Mulher → Femme [fam]

Pai → Père [pęʁ]

Mãe → Mère [męʁ]

Filho → Fils [fis]

Filha → Fille [fíyị]

Amigo → Ami (m) / amie (f) [ami]

Marido → Mari [maʁi]

Esposa → Femme [fam]

Amor → Amour [amuʁ]

Eu te amo → Je t'aime [jị tęm]

9. Comes e Bebes

Comida → Aliments [alimã]

Pão → Pain [pã̧]

Fruta → Fruit [fʁüi]

Peixe → Poisson [pwasõ]

Galinha → Poulet [pulé]

Carne → Viande [vyạ̃nd]

Leite → Lait [lę]

Água → Eau [o]

Suco → Jus [jü]

10. Números

Quanto? → Combien? [kõbyã]

Quanto custa? → Combien ça coûte? [kõbyã sa kut]

Caro → Cher [şeʁ]

Barato → Bon marché [bõ maʁşé]

Um → Un [ã̧]

Dois → Deux [dö]

Três → Trois [tʁwá]

Quatro → Quatre [katʁ]

Cinco → Cinq [sȩ̃k]

Seis → Six [sis]

Sete → Sept [sẹt]

Oito → Huit [üit]

Nove → Neuf [nöf]

Dez → Dix [dis]

Quinze → Quinze [kȩ̃z]

Vinte → Vingt [vȩ̃]

Vinte e cinco → Vingt cinq [vȩ̃t sȩ̃k]

Cinquenta → Cinquante [sȩ̃kạnt]

Cem → Cent [sã]

Duzentos → Deux cents [dö sã]

Duzentos e cinquenta → Deux cent cinquante [dö sã sȩ̃kạnt]

Quinhentos → Cinq cents [sȩ̃k sã]

Mil → Mille [mil]

GREGO

Falantes:

O número de falantes do grego atualmente não chega a 15 milhões de pessoas concentradas principalmente no arquipélago grego. Entretanto, o grego já foi falado em vastos territórios que se estendiam da Europa à Índia e ao norte da África, incluindo o Oriente Médio. Constituiu os alicerces culturais de muitas regiões do planeta, principalmente do que atualmente é considerado Ocidente.

Onde é falado:

Grécia e parte do Chipre.

Classificação:

O grego é uma língua indo-européia, assim como muitas línguas da Europa e do norte da Índia. A língua tem três gêneros que concordam com os adjetivos e os verbos são conjugados assim como em português. Apresenta casos gramaticais em que as palavras têm suas terminações modificadas dependendo de sua função na frase.

Destaques:

O grego é tido como a língua do berço da civilização ocidental. Muito da filosofia europeia foi inspirada nas escrituras gregas trazidas pelos romanos. Mais que isso, o grego, falado em uma vasta região, foi a língua em que as escrituras cristãs foram escritas e, no Egito, influenciou a língua local, o copta, inclusive na escrita. Hoje a língua é apenas usada na liturgia da Igreja Ortodoxa Copta.

Na filosofia, foi a língua de Ésquilo, Alexandre O Grande, Arquimedes, Aristófanes, Aristóteles, Euclides, Eurípides, Hipócrates, Homero, Péricles, Platão, Ptolomeu, Sófocles, Thales, Tucídides e muitos outros personagens importantes para a História do mundo e o desenvolvimento do pensamento e da ciência ocidentais.

A Grécia está entre os mais procurados destinos turísticos, oferecendo uma combinação de história e belas paisagens mediterrâneas. Falar um pouco de grego torna a viagem ainda mais interessante, já que possibilita a interação com os locais.

Curiosidades:

A língua portuguesa foi bastante influenciada pelo grego, contendo muitas palavras de origem grega. Exemplos são: ideia, empatia, método, planeta e bíblia. Da mesma maneira, diversas línguas europeias e até mesmo asiáticas foram influenciadas pelo grego.

O grego falado atualmente se tornou oficial em 1976. É baseado na modalidade da Grécia meridional e contém algumas palavras estrangeiras. Antes, o grego oficial era chamado de *Καθαρεύουσα* [atarévusa], semelhante ao grego clássico. Ou seja, o grego escrito e falado atualmente é diferente daquele encontrado na literatura clássica. Porém, as diferenças não são tão grandes como aquelas encontradas entre o latim e o português, o que permite um falante de grego compreender parcialmente a literatura clássica.

1. Cumprimentos

Sim → Ναι [ne̦]

Não → Όχι [óŝi]

Bem-vindo(a) → Καλώς ήρθατε [kalós irtate]

Por favor → Παρακαλώ [parakaló]

Obrigado! → Ευχαριστώ [efĥaristó]

Bom dia! → Καλημέρα! [kaliméra]

Boa tarde! → Καλό απόγευμα! [kaló apoyevma]

Boa noite! → Καλησπέρα! [kalispéra]

Como vai? → Τι κάνετε; [ti kánete]

Bem, obrigado. → Καλά, ευχαριστώ. [kalá efĥaristó]

Boa noite! (despedida) → Καληνυχτα! [kaliníĥta]

Adeus! Tchau! → Αντίο! [andío]

2. Informações Pessoais

Qual é seu nome? → Ποιο είναι το όνομά σας; [pyo íne to onomá sas]

Meu nome é Sócrates. → Το όνομά μου είναι Σωκράτης. [to onomá mu íne sokrátis]

Prazer em conhecer. → Χαίρω πολύ. [ĥẹro polí]

Você fala inglês? → Μιλάτε αγγλικά; [miláte angliká]

De onde você é? → Από πού είστε; [apó pu íste]

Sou do Brasil. → Βραζιλία. [vrazilía]

Portugal → Πορτογαλία. [portogalía]

Angola → Αγκόλα [ankóla]

Moçambique → Μοζαμβίκη [mozamvíki]

Sou turista. → Είμαι τουρίστας (M) , τουρίστρια (F). [íme tourístas (M), turístrya]

Sou uma pessoa de negócios. → Είμαι επιχειρηματίας. [íme epiĥirimatías]

Sou estudante. → Είμαι φοιτητής. [íme fititís]

3. Objetos e Animais

O quê? → Τι; [ti]

Férias → Διακοπές [điakopẹ́s]

Chave → Κλειδί [kliđí]

Bagagem → Αποσκευές [aposkeves]

Passaporte → Διαβατήριο [điavatíryo]

Cachorro → Σκύλος [skílos]

Gato → Γάτα [ɣáta]

Livro → Βιβλίο [vivlío]

Roupa → Ρούχα [ruĥa]

Telefone → Τηλέφωνο [tilẹ́fono]

4. Descrevendo as coisas

(Isto) é... → Είναι... [íne]

Bom → Καλό [kaló]

Ruim → Κακό [kakó]

Bonito → Ωραίο [orẹ́o]

Feio → Άσχημο [ásĥimo]

Grande → Μεγάλο [megálo]

Pequeno → Μικρό [mikró]

Branco → Λευκό [lefkó]

Preto → Μαύρο [mávro]

Vermelho → Κόκκινο [kókkino]

Azul → Μπλε [ble]

Amarelo → Κίτρινο [kítrino]

Verde → Πράσινο [prásino]

Marrom → Καφέ [kafé]

5. Tempo

Quando? → Πότε; [póte]

Agora → Τώρα [tóra]

Depois → Αργότερα [arɣótera]

Hoje → Σήμερα [símera]

Frio → Κρύο [krío]

Chuva → Βροχή [vroŝí]

Neve → Χιόνι [ŝyóni]

Quente / calor → Ζεστό [zestó]

Sol → Ήλιος [ilios]

6. Lugares

Onde é...? → Πού είναι ... [pu íne]

Banheiro / lavabo → Τουαλέτα [tualéta]

Hotel → Ξενοδοχείο [ksenoðoŝío]

Restaurante → Εστιατόριο [estiatóryo]

Hospital → Νοσοκομείο [nosokomío]

Aeroporto → Αεροδρόμιο [aeroðrómyo]

Casa → Σπίτι [spíti]

Perto → Κοντά [kondá]

Longe → Μακριά [makryá]

Aberto → Ανοιχτό [aniŝtó]

Fechado → Κλειστό [klistó]

Centro de compras? → Εμπορικό κέντρο; [emporikó kéntro]

7. Direções e Transporte

Aqui → Εδώ [eðó]

Direita → Δεξιά [đeksiá]

Esquerda → Αριστερά [aristerá]

Reto → ευθεία [eftía]

Avião → Αεροπλάνο [aeropláno]

Carro → Αυτοκίνητο [aftokínito]

Trem → Τρένο [tréno]

Ônibus → Λεωφορείο [leoforío]

8. Pessoas

Quem? → Ποιος; [pyós]

Eu → Εγώ [eʁó]

Tu / Você → Εσείς [esís]

Ele → Αυτός [aftós]

Ela → Αυτή [aftí]

Nós → Εμείς [emís]

Vós / Vocês → Εσείς [esís]

Eles → Αυτοί [aftí]

Elas → Αυτοί [aftí]

Homem → Ανδρας [ánđras]

Mulher → Γυναίκα [ʁinaíka]

Pai → Πατέρα [patẹra]

Mãe → Μητέρα [mitẹra]

Filho → Υιός [yiós]

Filha → Κόρη [kóri]

Amigo → Φίλος [fílos]

Marido → Σύζυγος [síziʁos]

Esposa → Γυναίκα [ʁinẹka]

Amor → Αγάπη [aʁápi]

Eu te amo → Σ'αγαπώ [saʁapó]

9. Comes e Bebes

Comida → Τροφή [trofí]

Pão → Ψωμί [psomí]

Fruta → Φρούτα [fruta]

Peixe → Ψάρι [psári]

Galinha → Κοτόπουλο [kotópulo]

Carne → Κρέας [kréas]

Leite → Γάλα [ɣála]

Água → Νερό [neró]

Suco → Χυμός [ŝimós]

10. Números

Quanto? → Πόσο; [póso]

Quanto custa? → Πόσο κάνει; [póso káni]

Caro → Ακριβό [akrivó]

Barato → Φτηνό [ftinó]

Um → Ένα [éna]

Dois → Δύο [đío]

Três → Τρία [tria]

Quatro → Τέσσερα [tésera]

Cinco → Πέντε [pénte]

Seis → Έξι [éksi]

Sete → Επτά [eptá]

Oito → Οκτώ [októ]

Nove → Εννέα [ennéa]

Dez → Δέκα [đéka]

Quinze → Δεκαπέντε [đekapénte]

Vinte → Είκοσι [íkosi]

Vinte e cinco → Είκοσι πέντε [íkosi pénte]

Cinquenta → Πενήντα [peninda]

Cem → Εκατό [ekató]

Duzentos → Διακόσια [điakósya]

Duzentos e cinquenta → Διακόσια πενήντα [điakósya penínta]

Quinhentos → Πεντακόσια [pentakósya]

Mil → Χίλια [ŝílya]

HEBRAICO

Falantes:

Estima-se que aproximadamente 5 milhões de pessoas falem o hebraico como primeira língua. Incluindo os que falam como segunda língua, o número se aproxima dos 10 milhões.

Onde é falado:

O hebraico é falado em Israel com o árabe. A língua é normalmente vinculada ao povo judeu, que pode ter tanto a conotação étnica como religiosa.

Classificação:

Assim como o árabe e o aramaico, o hebraico é uma língua semita. Entre as principais características das línguas semitas está o vínculo de significado a radicais tri-consonantais. Por exemplo, as consoantes *k t v* têm a ver com a escrita. Por exemplo, *katav* significa "ele escreveu". Se mudarmos as vogais conservando as três consoantes, acrescentando ou não afixos, podemos criar palavras com outros significados relacionados à escrita. Exemplos: *kotev* – "escritor", *miktav* – "carta".

O hebraico tem dois gêneros, o masculino e o feminino. Usa o plural e também o dual (quando há dois objetos) para alguns substantivos e os verbos conjugam conforme tempo, pessoa e número.

A língua é escrita em alfabeto próprio em que as vogais não são comumente grafadas, salvo em forma de acentos nos textos para o aprendizado ou na Torah, livro sagrado do Judaísmo, em grande parte coincidente com o antigo testamento da Bíblia cristã.

Destaques:

A importância da língua hebraica é geralmente relacionada a questões culturais, religiosas ou a negócios específicos com Israel.

Embora Israel constitua um mercado pequeno para o Brasil, com uma população inferior à da cidade de São Paulo, o país pode ter nichos específicos para negócios.

É a língua em que o antigo testamento foi escrito, tendo apelo entre judeus e estudantes de teologia.

É uma das línguas mais antigas do mundo e, seguindo o guia *Lonely Planet*, o hebraico falado hoje não difere muito daquele falado há 3 mil anos.

Curiosidades:

A língua hebraica é o maior caso de sucesso de uma língua morta que voltou a ser falada. Não se falava hebraico há quase dois milênios. Graças a um projeto de reviver a língua, hoje ela é oficial no Estado de Israel, sendo falada como língua materna pelas novas gerações.

Os judeus, que a partir do século I, migraram para o norte da Europa, passaram a falar um dialeto do alemão conhecido como *Yidish*, ou ídiche, que tem uma forma especial de pronunciar as palavras e acresce termos hebraicos ao vocabulário. Para a escrita é normalmente usado o alfabeto hebraico.

Do mesmo modo, os judeus que migraram para a região do mediterrâneo passaram a falar o ladino, um dialeto hispânico com contribuições do português e do hebraico. Também era muitas vezes escrito no alfabeto hebraico.

Segundo Gilberto Freyre, muitos desses judeus ibéricos migraram para o Brasil na época da colonização, fazendo parte da população brasileira.

Os judeus que se mantiveram na região que hoje se situam Israel e Palestina, em sua maioria, passaram a falar árabe, algumas vezes escrevendo-o em alfabeto hebraico.

Hoje o hebraico foi plenamente revivido como língua cotidiana no Estado de Israel.

1. Cumprimentos

Sim → כן [ken]

Não → לא [lo]

Bem-vindo(a)! → ברוך הבא / ברוכה הבאה [baʁuĥ habá (m) / baʁuĥah haba'ah (f)]

Por favor → בבקשה [bevakaşá]

Obrigado! → תודה [todá]

Bom dia! → בוקר טוב [bokéʁ tov]

Boa tarde / noite ao chegar! → ערב טוב [eʁév tov]

Boa noite! → לילה טוב [layla tov]

Como vai? → מה שלומך? [ma şlomĥa / şloméĥ]

Bem, obrigado. → טוב תודה [tov tod]

Adeus! Tchau! → להתראות [lehitʁaʾot]

2. Informações Pessoais

Qual é seu nome? → מה שמך [ma şimĥá / ma şmeĥ]

Meu nome é ... → ... שמי [şmi..]

Prazer em conhecer. → ' נעים מאוד [naʾim mʾod]

Você fala inglês? → את מדברת אנגלית ? . אתה מדבר אנגלית? [at medabeʁ anglit (m) / at medabéʁet anglit (f)]

Qual é a sua nacionalidade? → מאיפה את   מאיפה אתה? ?מאיפה אתה? [meʾeifoh atah (m) / meʾeifoh at (f)]

Brasil → ברזיל [bʁazil]

Portugal → פורטוגל [poʁtugal]

Angola → אנגולה [angola]

Moçambique → מוזמביק [mozambik]

Sou turista. → תייר [tayaʁ]

Sou uma pessoa de negócios. → אני איש עסקים [ani iş asakim]

Sou estudante. → אני סטודנט [ani student]

3. Objetos e Animais

O quê? → מה [ma]

Férias → חופשה [ufşa]

Chave → מפתח [mafteʾaĥ]

Bagagem → מטען [mitʾan]

Passaporte → דרכון [daʁkon]

Cachorro → כלב [kelev]

Gato → חתול [hatul]

Livro → ספר [séfeʁ]

Roupa → בגדים [bgadim]

Telefone → טלפון [telefon]

4. Descrevendo as coisas

Isto é... → זה [ze]

Bom → טוב [tov]

Ruim → רע [ʁa']

Bonito → יפה [yafé]

Feio → מכוער [meĥo'aʁ]

Grande → גדול [gadol]

Pequeno → קטן [katan]

Branco → לבן [lavan]

Preto → שחור [şaĥoʁ]

Vermelho → אדום [adom]

Azul → כחול [kaĥol]

Amarelo → צהוב [tsahov]

Verde → ירוק [yaʁok]

Marrom → חום [ĥum]

5. Tempo

Quando? → מתי? [matáy]

Agora → עכשיו [aĥşav]

Depois → כך [kaĥ]

Hoje → היום [hayom]

Frio → קר [kaʁ]

Chuva → גשם [geşem]

Neve → שלג [şeleg]

Quente / calor → חם [ĥem]

Sol → שמש [şemeş]

6. Lugares

Onde é...? → איפה [eyfo]

Banheiro / lavabo → שרותים [şeʁutim]

Hotel → מלון [malon]

Restaurante → מסעדה [mis'ada]

Hospital → בית חולים [beyt ĥolim]

Aeroporto → נמל תעופה [nmal t'ufah]

Casa → בית [bayt]

Perto → קרוב [kaʁov]

Longe → עכשיו [ʁaĥov]

Aberto → פתוח [patuah]

Fechado → סגור [saguʁ]

Mercado / Centro de compras? → שוק [şuk]

7. Direções e Transporte

Aqui → כאן [kan]

Direita → ימין [yamin]

Esquerda → שמאל [smol]

Reto → ישר [yaşaʁ]

Avião → מטוס [matós]

Carro → מכונית [meĥonit]

Trem → רכבת [ʁakevet]

Ônibus → אוטובוס [otobus]

8. Pessoas

Quem? → מי [mi]

Eu → אני [ani]

Tu / Você → אתה (f), את (m) [atá (m), at (f)]

Ele → הוא [hu]

Ela → היא [hi]

Nós → אנחנו [naĥnu]

Vós / Vocês → אתם . אתן [atem . aten]

Eles → הם [hem]

Elas → הן [hen]

Homem → איש [iş]

Mulher → אישה [işá]

Pai → אבא [aba]

Mãe → אמא [ima]

Filho → בנו [ben]

Filha → בת [bat]

Amigo → חבר [ĥaveʁ]

Marido → בעל [ba'al]

Esposa → אישה [işá]

Amor → אהבה [ahavá]

Eu te amo → אני אוהב אותך [ani ohev otaĥ (m) / otĥá (f)]

9. Comes e Bebes

Comida → מזון [mazon]

Pão → לחם [léĥem]

Fruta → פרי [páʁi]

Peixe → דג [dag]

Galinha → עוף [of]

Carne → בשר [basaʁ]

Leite → חלב [ĥaláv]

Água → מים [máyim]

Suco → מיץ [mits]

10. Números

Quanto? → כמה [kamá]

Quanto custa? → כמה זה עולה? [kamá ze olé]

Caro → יקר [yakaʁ]

Barato → זול [zol]

Um → אחת [aĥat]

Dois → שתיים [ştayim]

Três → שלוש [şalóş]

Quatro → ארבע [áʁba']

Cinco → חמש [ĥameş]

Seis → שש [şeş]

Sete → שבע [şeva']

Oito → שמונה [şmone]

Nove → תשע [teşa']

Dez → עשר ['eseʁ]

Quinze → חמש עשרה [ĥameş-esʁeh]

Vinte → עשרים ['esʁim]

Vinte e cinco → עשרים וחמש ['esʁim ve ĥameş]

Cinquenta → חמישים [ĥamişim]

Cem → מאה [me'á]

Duzentos → מאתיים [matayim]

Duzentos e cinquenta → מאתיים חמישים [miyatayim ĥamişim]

Quinhentos → חמש מאות [ĥameş me'ot]

Mil → אלף [élef]

HINDUSTANI (HINDI + URDU)

Falantes:

Como o hindustani é uma modalidade falada que inclui as línguas hindi e urdu, é difícil estimar o número total de falantes. Somando os falantes das duas línguas, chega-se ao número aproximado de 700 milhões de pessoas.

Onde é falado:

Principalmente no norte da Índia e no Paquistão.

Classificação:

Assim como o português, o inglês e o grego, o hindustani é uma língua indo-europeia. É possível encontrar muitas similaridades estruturais e lexicais entre o hindustani e muitas das línguas faladas na Europa. Os linguistas identificaram que as línguas indo-europeias um dia foram uma única língua, hoje chamada de proto-indo-europeu, provavelmente falada por uma população que habitava as estepes da Eurásia, o que hoje corresponde ao sudoeste da Rússia e à Ucrânia.

Assim como o português, o hindustani tem dois gêneros: o feminino e o masculino. Os verbos são conjugados, porém, a língua tem suas frases construídas de um modo diferente do português. Por exemplo, para dizer "Eu faço tal coisa", em hindustani ficaria "Por mim, tal coisa feita é". De início parece meio estranho, mas é uma construção usada em muitas línguas conhecidas como ergativas.

É importante ressaltar que o hindustani é proveniente, principalmente do sânscrito, uma língua clássica de extrema importância para filosofia mundial, mas também tem influências do árabe, persa, grego, inglês e do português.

Destaques:

Quando consideramos o número de falantes o hindustani está entre as línguas mais faladas do mundo. Além disso, muitos emigrantes indianos a falam em várias das grandes cidades do mundo.

A chamada *Bollywood*, a indústria cinematográfica indiana, está entre as mais fortes do mundo, rivalizando com Hollywood no número de produções. Essa indústria traz consigo as produções musicais. Algumas delas ficaram conhecidas no Brasil, principalmente devido à novela da rede de TV Globo "O Caminho da Índias", cuja música de abertura é a famosa बीड़ी [biidi].

O hindustani constitui uma porta de entrada para a comunicação e conhecimento de grandes obras filosóficas, que influenciaram o Oriente inteiro, entre elas as filosofias hindu e a budista. O hindustani tem grandes similaridades com outras línguas faldas na região, como o bengali, o gujarati, o nepalês e outras.

Curiosidades:

A língua está classificada dentro da subfamília indo-ariana. Os indianos do norte são considerados arianos, termo erroneamente usado pelos nazistas para classificar a "raça branca".

Grosso modo, a versão da língua escrita em alfabeto devanagari é conhecida como hindi. Já quando usa o alfabeto árabe, é conhecida como urdu. Essa segunda maneira de escrever começou a ter grande relevância durante o império mogol (não confundir com mongol), em que a influência turco-persa cresceu na Índia, influenciando de forma definitiva a cultura da região. No processo de independência da Índia, o alfabeto devanagari passou a ser adotado para a língua nacional, com vínculos às filosofias hindu e budista, entre outras. O alfabeto perso-arábico é oficial na versão usada no Paquistão, mas também é usado na Índia, principalmente pela população que se identifica como a cultura islâmica.

Embora o hindi busque raízes no sânscrito e o urdu no persa e no árabe, ambas compartilham praticamente a mesma gramática e a mesma fala no dia a dia.   De maneira simplificada é como se nós tivéssemos duas maneiras para escrever a mesma língua.

O hindustani tanto influenciou quanto foi influenciado pela língua portuguesa, graças ao império global português que tinha a Índia como um dos seus principais destinos nas rotas comerciais.

Algumas das palavras mais conhecidas por aqui estão "laranja" → नारंगी [narãŋgi], ioga → योग [yoga], aiurveda → आयुर्वेद [aayurveda] e a famosa palavra "zen", originalmente, "meditação" → ध्यान [dhyaan] que, com a expansão da cultura budista, se adaptou à pronúncia chinesa → 禪 [tʂhán] e depois à japonesa → 禅 [zen / zeŋ], a versão que conquistou o Ocidente. O famoso "Om" [õŋ] é a transcrição de ॐ, considerado o som do absoluto, usado nas meditações de tradição indiana.

Na contrapartida, o hindustani usa palavras de origem portuguesa, como: armário → अलमारी [almari], mesa → मेज [medj], chave → चाभी [tʂavi], e padre → पादरी [padri].

A língua diferencia letras pronunciadas com a língua nos dentes ou no palato. Assim, há duas versões de "d", "t", "r", etc. Além destas, existe outra versão para cada uma delas: quando são aspiradas, ou seja, pronunciadas com um som de "h". Cada uma dessas letras são escritas de maneira diferente no alfabeto devenagari. Na transcrição, usei um ponto sob as letras para demonstrar que a pronúncia delas é feita tocando o palato – mais ou menos no meio do céu da boca. Ex. "ṭ". Mesmo que você não consiga pronunciar as letras com precisão, deve ser compreendida(o).

1. Cumprimentos

Sim → हां | ہاں [hã]

Não → नहीं | نہیں [nahĩ]

Bem-vindo(a)! → स्वागत है | خوش آمدید [svagaat hẹ | ĥoş amadid]

Por favor → कृप्या | کرپیا [krịpiyaa]

Obrigado! → शुक्रिय! | شکریہ [şukriyaa]

Olá → नमस्ते | سلام علیکم ۔ نمستے [namasté | salaam alekum]

Como vai? → आप कैसे हैं ? आप कैसी है | ہے آپ کیسی ے / ے آپ کیسے [ap kẹse hẽ ? (m) / ap kẹsii hẽ? (f)]

Bem, e você? → ठीक और आप? | ؟ اور آپ ے ٹھیک [ṭhik ọr aap]

Adeus! Tchau! → फिर मिलेंगे | گے پھر ملیں [fir milẽge]

2. Informações Pessoais

Qual é seu nome? → अप का नाम क्या है? | ے آپ کا نام کیا ے [aap ka naam kya hẹ]

Meu nome é Amana. → मेरा नाम अमन है | ے میرا نام امن ے [mera naam amana hẹ]

Prazer em conhecer. → नमस्ते / सलाम वलेकुम | سلام علیکم / نمستے [namasté /

salaam alekum]

Você fala inglês? → क्य आपको अंग्रेज आत है? | کیہ اپ کو اینگیریش آتی ہے [kyaa ap ko ngerezi aatii hẹ]

De onde você é? → आप कहां के रहने वाले है . आप कहां के रहने वाली है | آپ کہاں کے رہنے والے ہے / آپ کہاں کے رہنے والی ہے [ap kahã ke rehnevaale hẹ? / ap kahã ke rehnevaalii hẹ]

Brasil → ब्राज़िल | برازل [brazil]

Portugal → पुर्तगाल | پرتگال [purtagaal]

Angola → अंगोला | انگولا [angola]

Moçambique → मोजाम्बिक | موجامبک [modjaambik]

Sou turista. → मैन पर्यटन हूँ | مین پریٹن ہوں [mẽ paryaṭan hũ]

Sou uma pessoa de negócios. → मैं व्यापारी हूँ | میں تاجر ہوں [mẽ vyaapaarii hũ | mẽ taajir hũ]

Sou estudante. → मैं छात्र हूँ | میں چھاتر ہوں [mẽ tṣhhyaatr hũ]

3. Objetos e Animais

O quê? → क्या? | کیا [kyaa]

Férias → छुट्टी | چھٹی [tṣhhuṭṭii]

Chave → चाबी | چابی [tṣhaabii]

Bagagem → सामान | سامان [saamaan]

Passaporte → पासपोर्ट | پاسپورٹ [paasaporṭ]

Cachorro → कुत्ता | کتا [kutta]

Gato → बिल्ली | بلی [bilii]

Livro → किताब | کتاب [kitaab]

Roupa → कपड़ा | کپڑا [kapṛe]

Telefone → टेलीफोन | ٹیلیفون [ṭiliifon]

4. Descrevendo as coisas

Isto é... → यह ... है | یہ --- ہے [yah ... hẹ]

Bom → अच्छा | اچھا [attṣhha]

Ruim → बुरा | برا [bura]

Bonito → खूबसूरत | خوبصورت [ĥubsuurat]

Feio → बदसूरत | بدصورت [badasuurat]

Grande → बदा | بدا [bada]

Pequeno → छोटा | چھوٹا [tşhhoṭa]

Branco → सफेद | سفید [safed]

Preto → काला | کالا [kaala]

Vermelho → लाल | لعل [laal]

Azul → नीला | نیلا [niila]

Amarelo → पीला | پیلا [piila]

Verde → हरा | برا [hara]

Marrom → भूरा | بھورا [bhuura]

5. Tempo

Quando? → कब? | کب [kab]

Agora → अब | اب [ab]

Depois → बाद में | بعد میں [baad mein]

Hoje → आज | آج [aadj]

Frio → ठंड | ٹھنڈ [ţhand]

Chuva → बारिश | بارش [baariş]

Neve → हिमपात | ہمپات [himmapaat]

Quente / calor → गर्मी | گرمی [garmii]

Sol → सूर्य | سوریہ [suuriya]

6. Lugares

Onde é...? → ...कहाँ है? | ...کہاں ہے [... kahã hẹ]

Banheiro / lavabo → शौचालय | شوچالیہ [şoţşhhaalay]

Hotel → होटल | ہوٹل [hoṭal]

Restaurante → रेस्टोरेंट | ریسٹورینٹ [resṭorant]

Hospital → अस्पताल | اسپتال [aspataal]

Aeroporto → हवाई अड्डे | ہوائی اڈے [havaaii aḍḍaa]

Casa → घर | گھر [ghar]

Perto → पास | پاس [paas]

Longe → दूर | دور [duur]

Aberto → खुला | کھلا [khulaa]

Fechado → बंद | بند [band]

7. Direções e Transporte

Aqui → यहां | یہاں [yahã]

Direita → दाहिनी तरफ | دائیں طرف [daahinii taraf]

Esquerda → बायें तरफ़ | بائیں طرف [baayĩ taraf]

Reto → सीधे | سیدھے [siidhe]

Avião → विमान | ومان [vimaan]

Carro → कार | کار [kar]

Trem → गाड़ी | گاڑی [gaaṛii]

Ônibus → बस | بس [bas]

8. Pessoas

Quem? → कौन? | کون [koṇ]

Eu → मैं | میں [mẽ]

Tu / Você → तु / आप | تو / آپ [tuu / aap]

Ele / ela (perto) → यह | یہ [yẹh]

Ele / ela (longe) → वह | وہ [vah]

Nós → हमें | ہمیں [ham]

Vós / Vocês → आप / आप | آپ / آپ [tum / aap]

Eles / elas (perto) → ये | یہ [ye]

Eles / elas (longe) → वे | وہ [vo]

Homem → आदमी | آدمی [aadmi]

Mulher → महिला | مہلا [mẹhila]

Pai → पिता | پتا [pita]

Mãe → मां | مان [mã]

Filho → बेटा | بیٹا [beṭa]

Filha → बेटी | بیٹی [beṭii]

Amigo → दोस्त | دوست [dost]

Marido → पति | پتی [pati]

Esposa → पत्नी | پتنی [patnii]

Amor → प्रेम / प्यार / इश्क़ | عشق ۔ پیار ۔ پریم [prem / pyaar / işq]

Eu te amo → मै तुसे प्यर करत हूँ | مے تم سے پییر کرت بوں [mẽ tumse pyaar karata hũ]

9. Comes e Bebes

Comida → खाना | کھانا [khaanaa]

Pão → रोटी | روٹی [roṭii]

Fruta → फल | پھل [phal]

Peixe → मछली | مچھلی [matşhlii]

Galinha → मुर्ग | مرغ [murgh]

Carne → गोश्त | گوشت [goşt]

Leite → दूध | دودھ [duudh]

Água → पानी | پانی [panii]

Suco → रस | رس [ras]

10. Números

Quanto? → कितना? | کتنا؟ [kitnaa]

Quanto custa? → इसकी लागत कितनी है? | اسکی لاگت کتنی ہے؟ [iski lagat kitnii he]

Caro → महंगा | مہنگا [mahẽgaa]

Barato → सस्ता | سستا [sastaa]

Um → एक | ایک [ek]

Dois → दो | دو [do]

Três → तीन | تین [tiin]

Quatro → चार | چار [tşaar]

Cinco → पांच | پانچ [pãntşh]

Seis → छह | چھ [tşhẹh]

Sete → सात | سات [saat]

Oito → आठ | آٹھ [aaṭh]

Nove → नौ | نو [nọ]

Dez → दस | دس [das]

Quinze → पंद्रह | پندرہ [pandrah]

Vinte → बीस | بیس [bis]

Vinte e cinco → पच्चीस | پچیس [pattşhiis]

Cinquenta → पचास | پچاس [patşaas]

Cem → सौ | سو [sọ]

Duzentos → दो सौ | دو سو [do sọ]

Duzentos e cinquenta → दो सौ पचास | دو سو پچاس [do sọ patşaas]

Quinhentos → पाँच सौ | پانچ سو [paantşh sọ]

Mil → हज़ार | بزار [hazaar]

HOLANDÊS

Falantes:

O holandês é falado por quase 60 milhões de pessoas, das quais, aproximadamente metade a tem como língua materna.

Onde é falado:

Principalmente nos Países Baixos, na Bélgica e Suriname. Parte das populações da África do Sul e da Namíbia fala o africâner, uma língua que evoluiu do holandês com contribuições do inglês, das línguas locais e até do português. Se considerarmos a língua como uma forma de holandês, teremos por volta de mais 10 milhões de falantes.

Classificação:

O holandês é uma língua germânica, pertencente à grande família indo-europeia. Muitas pessoas consideram o holandês a metade do caminho entre o inglês e o alemão, por ter características semelhantes a ambas as línguas.

Destaques:

Grande parte das pessoas que fala holandês também fala muito bem o inglês. Isso quer dizer que, em termos de comunicação, o holandês não é uma língua obrigatória para falar com nativos, na maioria das vezes.

Entretanto, falar algumas palavras na língua pode soar simpático aos interlocutores, além de que conhecer uma língua germânica, além do inglês e do alemão, pode ser muito interessante. Para quem já fala ao menos uma dessas duas línguas, estudar o holandês tende a ser mais fácil.

O holandês pode abrir portas para conhecer mais da cultura dos Países Baixos, dos Flanders Belgas até dos africâneres no sul do continente africano. O holandês também influenciou muitas línguas no mundo, a exemplo do indonésio.

Curiosidades:

Como já mencionando, a principal língua que originou o africâner, também conhecida como afrikaans, é o holandês. É a principal língua falada pela população branca e descendentes da África do Sul.

Assim como os portugueses, espanhóis e ingleses, os holandeses construíram um vasto império global influenciando a cultura de diversas regiões, inclusive do Brasil, a exemplo das cidades de Olinda, Recife e Holambra.

1. Cumprimentos

Sim → Ja [ya]

Não → Niet [nit]

Bem-vindo(a) → Welkom [vélkom]

Por favor → Alsjeblieft [alşablift]

Obrigado! → Dank je wel! [dank yạ vel]

Bom dia! → Goedemorgen! [ĥudemorĥạ]

Boa tarde! → Goedemiddag! [ĥudemidaĥ]

Boa noite! → Goedenavond! [ĥudenávond]

Como vai? → Hoe gaat het? [hu ĥaat het?]

Bem, obrigado. → Goed, bedankt. [ĥud, bedankt]

Boa noite! (despedida) → Welterusten! [velteʁusten]

Adeus! Tchau! → Tot ziens! Bye! [tot zins bay]

2. Informações Pessoais

Qual é seu nome? → Hoe heet je [hu heyt jạ]

Meu nome é Aart. → Mijn naam is Aart. [mẹyn naam is aaṛt]

Prazer em conhecer. → Aangename kennismaking. [aanĥạnamạ kenimeyken]

Você fala inglês? → Spreekt u engels? [spʁeekt yü engạls]

De onde você é? → Waar komt u vandaan? [vaaṛ komt yü vạndạạn]

Brasil → Brazilië [brazilye]

Portugal → Portugal [portugal]

Angola → Angola [angola]

Moçambique → Mozambique [mozambik]

Sou turista. → Ik ben een tourist. [ɪk ben eyn turist]

Sou uma pessoa de negócios. → Ik ben een ondernemer. [ɪk ben een ondạrneymạr]

Sou estudante. → Ik ben een student. [ɪk ben en student]

3. Objetos e Animais

O quê? → Wat? [vat]

Férias → Vakantie [vakantsi]

Chave → Sleutel [ṣlöwdoł]

Bagagem → Bagage [baĥaje]

Passaporte → Paspoort [paspoṛt]

Cachorro → Hond [hownd]

Gato → Kat [kat]

Livro → Boek [buk]

Roupa → Kleding [kleydiŋ]

Telefone → Telefoon [telefówn]

4. Descrevendo as coisas

Isto é... → Dit is... [dit is]

Bom → Goed [ĥud]

Ruim → Slecht [slẹĥt]

Bonito → Mooi [mooy]

Feio → Lelijk [léylẹyk]

Grande → Groot [ĥrowt]

Pequeno → Small [small]

Branco → Wit [vit]

Preto → Zwart [zvaṛt]

Vermelho → Rood [ʁowt]

Azul → Blauw [blaw]

Amarelo → Geel [ĥewł]

Verde → Groen [ĥrun]

Marrom → Bruin [brʁawn]

5. Tempo

Quando? → Wanneer? [vanníạr]

Agora → Nu [nu]

Depois → Later [latạr]

Hoje → Vandaag [vandáĥ]

Frio → Koud [kawd]

Chuva → Regen [ʁeyĥạ]

Neve → Sneeuw [sniw]

Quente / calor → Heet [heet]

Sol → Sol [sowł]

6. Lugares

Onde é... ? → Waar is... [vaaṛ ɪs]

Banheiro / lavabo → Toilet [twalẹt]

Hotel → Hotel [hotẹł]

Restaurante → Restaurant [ʁẹstoʁạnt]

Hospital → Ziekenhuis [zikehäịs]

Aeroporto → Luchthaven [luĥthafe]

Casa → Huis [häịs]

Perto → Nabij [nabäy]

Longe → Ver [feṛ]

Aberto → Open [owpạ]

Fechado → Gesloten [ĥạslowte]

7. Direções e Transporte

Aqui → Hier [híạr]

Direita → Rechts [ʁẹĥts]

Esquerda → Links [links]

Reto → Rechtdoor [ʁẹĥtdọwṛ]

Avião → Vliegtuig [fliĥtai̧ĥ]

Carro → Auto [áwtow]

Trem → Trein [tʁȩyn]

Ônibus → Bus [bi̧s]

8. Pessoas

Quem? → Wie? [vi]

Eu → Ik [ɪk]

Tu / Você → Jij, u [yȩy, ü]

Ele → Hij [hȩy]

Ela → Zij [zȩy]

Nós → Wij [vȩy]

Vós / Vocês → Jij [yȩy]

Eles → Zij [zȩy]

Elas → Zij [zȩy]

Homem → Man [man]

Mulher → Vrouw [fʁaw]

Pai → Vader [fáda̧ʁ]

Mãe → Moeder [muda̧ʁ]

Filho → Zoon [zown]

Filha → Dochter [doĥta̧ʁ]

Amigo → Vriend [frind]

Marido → Man [man]

Esposa → Vrouw [fraw]

Amor → Liefde [lífda̧]

Eu te amo → Ik hou van je [ɪk haw fa̧n ya̧]

9. Comes e Bebes

Comida → Eten [eyta̧]

Pão → Brood [browd]

Fruta → Fruit [fʁai̧t]

Peixe → Vis [fis]

Galinha → Kip [kɪp]

Carne → Vlees [fleys]

Leite → Melk [mełk]

Água → Water [vátaṛ]

Suco → Sap [sap]

10. Números

Quanto? → Hoeveel [huvił]

Quanto custa? → Hoeveel kost het? [huvił kóstet]

Caro → Duur [düüṛ]

Barato → Goedkoop [ĥudkowp]

Um → Een [en]

Dois → Twee [tvey]

Três → Drie [dri]

Quatro → Vier [viaṛ]

Cinco → Vijf [veyf]

Seis → Zes [zeys]

Sete → Zeven [zeyva]

Oito → Acht [aĥt]

Nove → Negen [neĥen]

Dez → Tien [tin]

Quinze → Vijftien [veyftin]

Vinte → Twintig [tvıntıĥ]

Vinte e cinco → Vijfentwintig [veyfentvıntıĥ]

Cinquenta → Vijftig [veyftıĥ]

Cem → Honderd [hóndaṛt]

Duzentos → Tweehonderd [tveyhondaṛt]

Duzentos e cinquenta → Tweehonderdvijftig [tveyhondaṛtveyftıĥ]

Quinhentos → Vijfhonderd [veyfhondaṛd]

Mil → Duizend [däizand]

INDONÉSIO

Falantes:

Considerando tanto quem fala indonésio como língua materna, como quem a usa como segunda língua, são aproximadamente 150 milhões de falantes. Se contemplarmos o malaio, que é muito semelhante, esse número pode chegar a quase 230 milhões de falantes.

Onde é falado:

Em todo o arquipélago que forma a Indonésia.

Classificação:

O indonésio é uma língua austronésia assim como o malaio e diversas línguas do sudeste asiático. Na mesma família está o malgaxe falado na ilha de Madagascar, na África, provavelmente levada dos antigos navegantes indonésios via Oceano Índico.

A língua não tem conjugações, declinações, forma plural, etc.. Também não apresenta tons como o chinês ou o tailandês, o que dá a ela a fama de ser relativamente fácil para se aprender.

Destaques:

O indonésio, com o malaio, está entre as línguas mais faladas do mundo. Além disso, devido ao grande influxo de turistas que o arquipélago recebe, tem se tornado uma língua importante no setor de turismo e hotelaria.

A língua também possibilita a comunicação com pessoas da Malásia e Singapura, um importante centro comercial da Ásia.

Curiosidades:

Tanto o indonésio quanto malaio tem em comum a origem no malaio clássico. Mas enquanto a Indonésia sofreu influência da colonização holandesa, a Malásia teve grande relação com a cultura inglesa, o que contribuiu para uma pequena diferenciação nas línguas.

Ambas já foram escritas em alfabeto árabe, devido à influência de comerciantes árabes que chegaram à região antes dos europeus, mas atualmente usam o alfabeto romano. A Indonésia tem a maior população islâmica do mundo.

Entre os primeiros europeus a chegarem à região estão os portugueses, que deixaram sua contribuição notável em diversos aspectos culturais da região, incluindo a língua. Exemplos de palavras indonésias vindas da língua portuguesa estão: boneca → boneka [boneka], Dona → Nona [nona], isto → itu [itu], queijo → keju [kedju], janela → jenela [djenela], além de muitas outras.

1. Cumprimentos

Sim → Ya [ya]

Não → Tidak [tidak]

Bem-vindo(a) → Selamat datang [ṣalamat dataŋ]

Por favor → Tolong [toloŋ]

Obrigado! → Terima kasih! [terima kasih]

Bom dia! → Selamat pagi! [ṣalamat pagi]

Boa tarde! → Selamat siang! [ṣalamat siaŋ]

Boa noite! → Selamat sore! [ṣalamat sore]

Como vai? → Apa kabar? [apa kabar]

Bem, obrigado. → Baik, terima kasih. [bayk, terima kasih]

Boa noite! (despedida) → Selamat tidur! [selamat tidur]

Adeus! Tchau! → Selamat tinggal! [selamat tiŋgal]

2. Informações Pessoais

Qual é seu nome? → Namamu siapa? [namamu siapa]

Meu nome é Susilo. → Nama saya Susilo. [nama saya susilo]

Prazer em conhecer. → Senang bertemu anda. [senaŋ bertemu anda]

Você fala inglês? → Bisa bicara bahasa Inggris? [bisa bitşara bahasa iŋgris]

De onde você é? → Anda dari mana? [anda dari mana]

Brasil → Brazil [brazil]

Portugal → Portugal [portugal]

Angola → Angola [angola]

Moçambique → Mozambik [mozambik]

Sou turista. → Saya seorang turis. [saya seoraŋ turis]

Sou uma pessoa de negócios. → Saya orang bisnis. [saya oraŋ bisnis]

Sou estudante. → Saya pelajar. [saya peladjar]

3. Objetos e Animais

O quê? → Apa? [apa]

Férias → Liburan [liburan]

Chave → Kunci [kuntʂi]

Bagagem → Bagasi [bagasi]

Passaporte → Paspor [paspor]

Cachorro → Anjing [andjiŋ]

Gato → Kucing [kutʂiŋ]

Livro → Buku [buku]

Roupa → Pakaian [pakayan]

Telefone → Telepon [telepon]

4. Descrevendo as coisas

Isto é... → Itu... [itu]

Bom → Bagus [bagus]

Ruim → Buruk [buruk]

Bonito → Indah [indah]

Feio → Jelek [djelek]

Grande → Besar [besar]

Pequeno → Kecil [ketʂil]

Branco → Putih [putih]

Preto → Hitam [hitam]

Vermelho → Merah [merah]

Azul → Biru [biru]
Amarelo → Kuning [kuniŋ]
Verde → Hijau [hidjaw]
Marrom → Coklat [tʃoklat]

5. Tempo

Quando? → Kapan? [kapan]
Agora → Sekarang [sekaraŋ]
Depois → Nanti [nanti]
Hoje → Hari ini [hari ini]
Frio → Dingin [diŋin]
Chuva → Hujan [hudjan]
Neve → Salju [saldju]
Quente / calor → Panas [panas]
Sol → Matahari [matahari]

6. Lugares

Onde é...? → Di mana...? [di mana]
Banheiro / lavabo → Toiletnya [toyletnya]
Hotel → Hotel [hotel]
Restaurante → Restoran [restoran]
Hospital → Rumah sakit [rumah sakit]
Aeroporto → Bandara [bandara]
Casa → Rumah [rumah]
Perto → Dekat [dekat]
Longe → Jauh [djawh]
Aberto → Buka [buka]
Fechado → Tutup [tutup]
Mercado → Pasar [passar]

7. Direções e Transporte

Aqui → Di sini [di sini]
Direita → Kanan [kanan]

Esquerda → Kiri [kiri]

Reto → Lurus [lurus]

Avião → Pesawat [pesawat]

Carro → Mobil [mobil]

Trem → Kereta api [kereta api]

Ônibus → Bis [bis]

8. Pessoas

Quem? → Siapa? [siapa]

Eu → Saya [saya]

Tu / Você → Anda / Kamu [anda / kamu]

Ele → Dia [dia]

Ela → Dia [dia]

Nós → Kita / kami [kita / kami]

Vós / Vocês → Anda se kalian / kalian [anda se kalian / kalian]

Eles → Mereka [mereka]

Elas → Mereka [mereka]

Homem → Pria / orang [pria / oraŋ]

Mulher → Wanita [wanita]

Pai → Bapak [bapak]

Mãe → Ibu [ibu]

Filho → Putra [putra]

Filha → Putri [putri]

Amigo → Teman [teman]

Marido → Suami [suami]

Esposa → Istri [istri]

Amor → Cinta [tşinta]

Eu te amo → Aku cinta kamu [aku tşinta kamu]

9. Comes e Bebes

Comida → Makanan [makanan]

Pão → Roti [roti]

Fruta → Buah [buah]

Peixe → Ikan [ikan]

Galinha → Ayam [ayam]

Carne → Daging [dagiŋ]

Leite → Susu [susu]

Água → Air [ayr]

Suco → Jus [djus]

10. Números

Quanto? → Berepa? [berepa]

Quanto custa? → Berapa harganya? [berapa harganya]

Caro → Mahal [mahal]

Barato → Murah [murah]

Um → Satu [satu]

Dois → Dua [dua]

Três → Tiga [tiga]

Quatro → Empat [empat]

Cinco → Lima [lima]

Seis → Enam [enam]

Sete → Tujuh [tudjuh]

Oito → Delapan [delapan]

Nove → Sembilan [sembilan]

Dez → Sepuluh [sepuluh]

Quinze → Limabelas [limabelas]

Vinte → Duapuluh [duapuluh]

Vinte e cinco → Duapuluh lima [duapuluh lima]

Cinquenta → Limapuluh [limapuluh]

Cem → Seratus [seratus]

Duzentos → Dua ratus [dua ratus]

Duzentos e cinquenta → Dua ratus limapuluh [dua ratus limapuluh]

Quinhentos → Lima ratusd [lima ratusd]

Mil → Seribu [seribu]

INGLÊS

Falantes:

Aproximadamente 700 milhões de pessoas falam inglês, das quais 400 milhões são falantes nativos. É a língua mais utilizada nas relações internacionais, negócios e publicação de artigos científicos.

Onde é falado:

Como primeira língua ou língua oficial, no Reino Unido, nos E.U.A., na Austrália e no Canadá, assim como o francês na região do Quebec. Também é falado em diversos países da África e Ásia como primeira ou segunda língua. Em termos globais, é, sem dúvida, a língua auxiliar mais utilizada em praticamente todas as áreas que envolvem comunicação. No Brasil, é a principal língua estudada, depois do português.

Classificação:

O inglês pertence à grande família linguística indo-europeia assim como o português. A diferença é que o português está na subfamília latina, e o inglês na germânica, com o alemão, o holandês e o sueco, por exemplo. Isso ocorre devido à sua raiz e à sua estrutura, já que grande parte das palavras inglesas hoje são provenientes de línguas latinas.

O inglês, na sua versão antiga, era uma língua sintética, mas hoje se aproxima mais de uma língua analítica, ou seja, com poucas conjugações ou declinações.

Os tempos verbais normalmente são feitos por verbos auxiliares como *will* para o futuro, *have* para o passado. O verbo *to do* na forma *don't* e *doesn't* é usado para fazer a forma negativa no presente. Diversas outras construções são feitas com verbos auxiliares, o que torna a língua relativamente fácil nesse aspecto.

Outra característica que torna a língua simples é que os substantivos e adjetivos normalmente não variam conforme gênero.

Assim, *good* significa bom, boa, bons ou boas.

Por outro lado, a pronúncia da língua inglesa pode ser um tanto quanto complicada para falantes do português, principalmente devido à existência de sons diferentes e divergências entre escrita e pronúncia. A escrita do inglês não é fonética.

Destaques:

Saber inglês abre um leque bem mais vasto de literaturas, permitindo um conhecimento profundo sobre os assuntos além das fronteiras da lusofonia.

A língua é a mais conhecida e falada no mundo como auxiliar. Estima-se que uma a cada cinco pessoas no mundo fale inglês. É considerada a língua da ciência, da aviação, da computação, da diplomacia e do turismo. Conhecer o inglês aumenta suas chances no mercado de trabalho.

Além disso, é língua oficial em 53 países e da maioria das organizações internacionais. Também é a língua de grande parte dos filmes e seriados produzidos e lançados internacionalmente, além de músicas, livros e outras produções culturais.

Como o inglês é bastante usual, está entre as línguas que podem trazer maior satisfação para o estudante, já que, com o progresso no aprendizado, um novo mundo de conhecimento se apresenta à disposição.

Curiosidades:

O inglês nem sempre foi assim como é. A sua versão antiga já foi escrita em alfabeto rúnico. Além do mais, a gramática da língua era bem mais complexa, com conjugações e declinações. A língua também usava vocabulários bem mais germânicos que sua versão atual, mais latinizada.

Um dos erros comuns ao se aprender inglês é tentar pronunciar as palavras a partir da escrita com a lógica de uma língua mais fonética como o português. Em alguns casos, a compreensão fica difícil. O ideal é ouvir como um nativo pronuncia e ser bem fiel à pronúncia. A escrita pode não ter uma relação fonética lógica com a pronúncia.

O inglês absorveu vocabulários de diversas línguas e, diferentemente do português, quase não altera a versão original das palavras. É possível encontrar, inclusive, palavras do português no inglês como: açaí [é grafado como em português mas pode ser escrito "acaí", [não alterando sua pronúncia], cobra, jaguar, manioc [mandioca], marmelade [marmelada] e a palavra "saudade", também consta no dicionário Oxford como a melancolia característica dos povos brasileiro e português.

Termos básicos

1. Cumprimentos
Sim → Yes [yẹs]
Não → No [nạw]
Bem-vindo(a) → Welcome [wẹłkạm]
Por favor → Please [plís]
Obrigado! → Thank you! [tänk yạ]
Bom dia! → Good morning! [gịd mórnıŋ]
Boa tarde! → Good afternoon! [gịd äftịrnịwn]
Boa noite! (chegada) → Good evening [gịrívnıŋ]
Como vai? → How are you? [häw aṛ yạ]
Bem, obrigado. → Fine, thanks. [fayn tänks]
Boa noite! (despedida) → Goodnight! [gịdnáyt]
Adeus! Tchau! → Goodbye! Bye! [gịdbáy]

2. Informações Pessoais
Qual é seu nome? → What's your name? [wọtsyịṛ néym]
Meu nome é Joe. → My name is Joe. [may neyms Djạw]
Prazer em conhecer. → Nice to meet you. [nays tịmiitşạw]
Você fala português? → Do you speak Portuguese? [duyuw spiik pọṛdịgiiz]
Você fala espanhol? → Do you speak Spanish? [duyuw spiik spänịş]
De onde você é? → Where are you from? [wẹịṛ aṛ yü frạm]
Brasil → I'm from Brazil. [aym frọm brịzıł]
Portugal → Portugal [aym frọm pórtşigał]
Angola → Agola [aym frọm ạngowlạ]
Moçambique → Mozambique [Mzämbik]
Sou turista. → I'm a tourist. [aym ạ tuwrịst]
Sou uma pessoa de negócios. → I'm a business person. [aym ạ bíznịs pịrsịn]

Sou estudante. → I am a student. [aym ạ styüdnt]

3. Objetos e Animais
O quê → What [wọt]
Férias → Vacation [vịkeyṣịn]
Chave → Key [kii]
Bagagem → Luggage [lấgạdj]
Passaport → Passport [päspọṛt]
Cachorro → Dog [dọg]
Gato → Cat [kät]
Livro → Book [buk]
Roupa → Clothing [klạwtĩ]
Telefone → Telephone [Télịfạwn]

4. Descrevendo as coisas
Isto é … → This is … [địzịs…]
Bom → Good [gud]
Ruim → Bad [bäd]
Bonito → Beautiful [byúrạfịł]
Feio → Ugly [ạgli]
Grande → Big [bɪg]
Pequeno → Small [smọł]
Branco → White [wayt]
Preto → Black [bläk]
Vermelho → Red [ṛẹd]
Azul → Blue [bluw]
Amarelo → Yellow [yẹ́lạw]
Verde → Green [gṛiin]
Marrom → Brown [bräwn]

5. Tempo
Quando? → When? [wẹn]
Agora → Now [näw]
Depois → Later [léṛạṛ]
Hoje → Today [tịdéy]
Frio → Cold [kọłd]
Chuva → Rain [ṛeyn]
Neve → Snow [snow]
Quente / calor → Warm [wọṛm]
Sol → Sun [sạn]

6. Lugares

Onde é...? → Where is... [wérɪs]
Banheiro / lavabo → Toilet [tóylet]
Hotel → Hotel [howtéł]
Restaurante → Restaurant [réstarant]
Hospital → Hospital [hóspitił]
Aeroporto → Airport [éarport]
Casa → House [häws]
Perto → Close, Near [kląws, níar]
Longe → Far [far]
Aberto → Open [ówpin]
Fechado → Closed [kląwzd]
Centro de compras → Shopping Mall [şópin moł]

7. Direções e Transporte
Aqui → Here [híar]
Direita → Right [rayt]
Esquerda → Left [léft]
Reto → Straight [streyt]
Avião → Airplane [érpleyn]
Carro → Car [kar]
Trem → Train [treyn]
Ônibus → Bus [bas]

8. Pessoas
Quem? → Who? [hu]
Eu → I [ay]
Tu / Você → You [yuw]
Ele → He [hi]
Ela → She [şi]
Ele / Ela (neutro) → It [ɪt]
Nós → We [wi]
Vós / Vocês → You [yuw]
Eles → They [đey]
Elas → They [đey]
Homem → Man [män]
Mulher → Woman [wúman]
Pai → Father [fađar]
Mãe → Mother [máđar]
Filho → Son [san]
Filha → Daughter [dórer]
Amigo → Friend [frend]
Amiga → Friend [frend]

Marido → Husband [házbịnd]
Esposa → Wife [wayf]
Amor → Love [lạv]
Eu te amo → I love you [ay lạv yạ]

9. Comes e Bebes

Comida → Food [fuwd]
Pão → Bread [brẹd]
Fruta → Fruit [frụwt]
Peixe → Fish [fıṣ]
Galinha → Chicken [tṣıkịn]
Carne → Beef [biif]
Leite → Milk [mıłk]
Água → Water [wọrạr]
Suco → Juice [djuws]

10. Números

Quanto? → How much? [häw mạtṣ]
Quanto custa? → How much does it cost? [häw mạtṣ dạz ıt kọst]
Caro → Expensive [ıkspẹnsıv]
Barato → Cheap [tṣiip]
Um → One [wạn]
Dois → Two [tuw]
Três → Three [ṭrii]
Quatro → Four [fọr]
Cinco → Five [fayv]
Seis → Six [sıks]
Sete → Seven [sẹvịn]
Oito → Eight [eyt]
Nove → Nine [nayn]
Dez → Ten [tẹn]
Quinze → Fifteen [fıftiin]
Vinte → Twenty [tweni]
Vinte e cinco → Twenty five [twenifayv]
Cinquenta → Fifty [fıfti]
Cem → One hundred [wạn hạndrịd]
Duzentos → Two hundred [twu hạndrịd]
Duzentos e cinquenta → Two hundred and fifty [twu hạndrịd än fịfti]
Quinhentos → Five hundred [fayv hạndrịd]
Mil → One thousand [wạn ẗäwzạnd]

IORUBÁ

Falantes:

Por volta de 40 milhões de falantes.

Onde é falado:

É falado principalmente na Nigéria, mas também em Benim e no Togo, além de ser a principal língua usada na cultura afro presente no Brasil e em outros países das Américas.

Classificação:

O iorubá é uma língua pertencente à grande família linguística Niger-Congo e à subfamília edekiri.

Quando comparada ao português, o iorubá é uma língua bem mais analítica, ou seja, as palavras tendem a variar menos, o que representa certa facilidade para quem quer aprender. Assim, não existem terminações de plural, conjugações verbais e desinências de gênero.

Por outro lado, assim como o chinês e diversas outras línguas, o iorubá é uma língua tonal, ou seja, as palavras têm significados diferentes, dependendo do tom em que são pronunciadas. Esses tons são marcados pelos acentos agudo [tom alto] e crase [tom baixo]. Por exemplo: **ìgbá** é um tipo de vegetal enquanto **ìgbà** significa "tempo". A ausência de acento implica em um tom médio. O uso de tons dá a língua falada uma certa musicalidade.

Destaques:

O iorubá é uma das línguas africanas mais faladas devido à grande quantidade de locutores. Além do mais, existem nigerianos de etnia iorubá espalhados pelos mais distantes centros urbanos do planeta, incluindo São Paulo.

O iorubá também é uma língua que teve forte influência na cultura brasileira e na língua portuguesa, especialmente falada no Brasil.

A cultura iorubana e sua mitologia está entre as mais expressivas da África, contendo filosofias que interagem com a cosmologia e a psicologia. Falar iorubá abre caminho para uma sociedade antiga e influente no Brasil.

Curiosidades:

Muitas palavras faladas no Brasil têm origem na língua iorubá. "Acarajé" tem como base a palavra "pão de feijão" → àkàrà, que na cultura iorubana, é comido como o nosso pãozinho no café da manhã (pequeno almoço).

Outra palavra bastante usada nas músicas brasileiras é "odara", que vem de **dàra**, o que significa ser bom ou bonito. Remete a coisas esteticamente positivas.

E, não poderia deixar de faltar, a palavra axé que vem de **aṣẹ̀**, um conceito filosófico da tradição iorubana. Tem a ver com sucesso e realização. Etimologicamente a palavra também tem a ver com força.

1. Cumprimentos

Sim → Bẹ́ẹ̀ni [bẹ́ẹ̀ni]

Não → Rárá [ṛáṛá]

Bem-vindo(a) → Ẹ káàbọ̀ [ẹ káàbọ̀]

Por favor → Ẹ jọ́ọ̀ [ẹ jọ̀ọ́]

Obrigado! → Ẹ ṣé [ẹ ṣé]

Bom dia! → Ẹ káàràrọ̀! [ẹ káààṛọ̀]

Boa tarde! → Ẹ káàsán! [ẹ káàsán]

Boa noite! → Ẹ Kúùrọ̀lẹ́! [ẹ kúùṛọ̀lẹ́]

Como vai? → Báwo ni nńkan? [báwo ni nńkoŋ]

Bem, obrigado. → Dáadáa ni! [dáadáa ni]

Boa noite! (despedida) → Ò dàárọ̀! [ò dàáṛọ̀]

Adeus! Tchau! → Ó dàbọ̀! [ó dàbọ̀]

2. Informações Pessoais

Qual é seu nome? → Kí ni orúkọ rẹ? [kí ni orúkọ rẹ]

Meu nome é Alàkè. → Orúkọ mi ni Alàkè. [orúkọ mi ni alàkè]

Prazer em conhecer. → Inu mi dun lati mọ o. [inu mi dun lati mọ o]

Você fala inglês? → Ṣe o le sọ èdè oyinbo? [ṣe o le sọ èdè oyiŋbo]

De onde você é? → Ọmọ ìlú ibo ni ẹ? [ọmọ ìlú ibo ni ẹ]

Brasil → Brazil [brazil]

Portugal → Pọ́túgàlì [orílẹ̀-edeé pọ́túgàlì]

Angola → Àngólà [orílẹ̀ àngólà]

Moçambique → Mozambique [ilu mozambike]

Turismo → Ìrìn-àjò [ìrìn-àjò]

Pessoa de negócios. → Oníṣòwò [oníṣòwò]

Estudante. → Akẹ́kọ̀ọ́ [akẹ́kọ̀ọ́]

3. Objetos e Animais

O quê? → Kí ni [kí ni]

Férias → Ìgbà ìsimi [ìgbà ìsimi]

Chave → Kọ́kọ́rọ́ [kọ́kọ́rọ́]

Bagagem → Ẹrù [ẹrù]

Passaporte → Ìwé ìrìnnà [ìwé ìrìnnà]

Cachorro → Ajá [ajá]

Gato → Ológbò [ológbò]

Livro → Ìwé [ìwé]

Roupa → Ẹ̀wù [ẹ̀wù]

Telefone → Ẹ̀rọ ibanisọ̀rọ̀ [ẹ̀rọ ibanisọ̀rọ̀]

4. Descrevendo as coisas

Isto é... → Ó... [ó]

Bom → Dára [dára]

Ruim → Búburú [búburú]

Bonito → Ẹwà [ẹwà]

Feio → Òbúrẹ́wà [òbúrẹ́wà]

Grande → Tóbi [tóbi]

Pequeno → Kíkéré [kíkéré]

Branco → Funfun [fuŋfuŋ]

Preto → Dúdú [dúdú]

Vermelho → Pupa [pupa]

Azul → Àwọ ojú ọrun [àwọ ojú ọ̀ruŋ]

Amarelo → Pupa rusurusu [pupa rusurusu]

Verde → Àwọ ewé [àwọ ewé]

Marrom → Àwọ igi [àwọ igi]

5. Tempo

Quando? → Nígbà wo? [nígbà wo]

Agora → Nísisìyí [nísisìyí]

Depois → Lẹ́hìn [lẹ́hìŋ]

Hoje → Òní [òní]

Frio → Tútù [tútù]

Chuva → Òjò [òdjò]

Neve → Yìnyín [yìŋyíŋ]

Quente / calor → Gbóná [gbóná]

Sol → Oòrùn [oòrùŋ]

6. Lugares

Onde é...? → Nibo ni... [nibo ni]

Banheiro / lavabo → Ilé igbọnsẹ [ilé igbọŋsẹ]

Hotel → Ilé-ìtura [ilé-ìtura]

Restaurante → Ilé-oúnjẹ [ilé-oúŋjẹ]

Hospital → Ilé ìwòsàn [ilé ìwòsọ̀ŋ]

Aeroporto → Ibùdó ọkọ̀-òfurufú [ibùdó ọkọ̀-òfurufú]

Casa → Ilé [ilé]

Perto → Nítòòsí [nítòòsí]

Longe → Jìnnà [jìnnà]

Aberto → Ṣílẹ̀kùn [ṣílẹ̀kùŋ]

Fechado → Padé [padé]

7. Direções e Transporte

Aqui → Níbí [níbí]

Direita → Òtún [òtúŋ]

Esquerda → Òsì [òsì]

Reto → Lòkákán [lòkákáŋ]

Avião → Bàálù [bàálù]

Carro → Ọkọ̀ [ọkọ̀]

Trem → Ọkọ̀ ojú-irin [ọkọ̀ ojú-iṛiŋ]

Ônibus → Bọ́ọ̀sì [bọ́ọ̀sì]

8. Pessoas

Quem? → Ta ni [ta ni]

Eu → Mo [mo]

Tu / Você → O. ẹ́ [o . ẹ́]

Ele → Ó [ó]

Ela → Ó [ó]

Nós → A [a]

Vós / Vocês → Ẹ [ẹ]

Eles → Wọ́n [wọ́ŋ]

Elas → Wọ́n [wọ́ŋ]

Homem → Ọkùnrin [ọkùŋṛiŋ]

Mulher → Obìnrin [obìŋṛiŋ]

Pai → Bàbá [bàbá]

Mãe → Ìyá [ìyá]

Filho → Ọmọ mi ọkúnrin [ọmọ mi ọkúŋṛiŋ]

Filha → Ọmọ mi obìnrin [ọmọ mi obìŋṛiŋ]

Amigo → Òrẹ́ [òṛẹ́]

Marido → Ọkọ [ọkọ]

Esposa → Ìyàwó [ìyàwó]

Amor → Fẹ́ [fẹ́]

Eu te amo → Mo ni fẹ́ rẹ [mo ni fẹ́ ṛẹ]

9. Comes e Bebes

Comida → Oúnjẹ [oúŋdjẹ]

Pão → Búrẹ́dì [búrẹ́dì]

Fruta → Èso [èso]

Peixe → Ẹja [eja]

Galinha → Adìẹ [adìẹ]

Carne → Ẹran [ẹrọŋ]

Leite → Wàrà [wàr̩à]

Água → Omi [omi]

Suco → Oje [odje]

10. Números

Quanto? → Èló ní? [èló ní]

Caro → Wọ́n [wọ́ŋ]

Barato → Wọ́pọ̀ [wọ́pọ̀]

Um → Ookán [ookọ́ŋ]

Dois → Eéjì [eéjì]

Três → Ẹ̀ẹ́tà [ẹ̀ẹ́tà]

Quatro → Ẹ̀ẹ́rín [ẹ̀ẹ́ríŋ]

Cinco → Aárunún [aár̩unúŋ]

Seis → Ẹ̀ẹ́fà [ẹ̀ẹ́fà]

Sete → Eéjè [eéjè]

Oito → Ẹ̀ẹ́jò [ẹ̀ẹ́jò]

Nove → Ẹ̀ẹ́sànán [ẹ̀ẹ́sànọ́ŋ]

Dez → Ẹ̀ẹ́wàá [ẹ̀ẹ́wàá]

Quinze → Aárùnúndínlógún [aár̩ùnúŋdíŋlógúŋ]

Vinte → Ogun [oguŋ]

Vinte e cinco → Aárùndínlógbòn [aár̩ùŋdíŋlógbòŋ]

Cinquenta → Àádọ́ta [àádọ́ta]

Cem → Ọgọ́rùnún [ọgọ́r̩ùnúŋ]

Duzentos → Igba [igba]

Duzentos e cinquenta → Igba ati àádọ́ta [igba ati àádọ́ta]

Quinhentos → Ẹ̀ẹdẹgbẹta [ẹ̀ẹdẹgbẹta]

Mil → Ẹgbẹ̀rún [ẹgbẹ̀r̩úŋ]

ITALIANO

Falantes:

Por volta de 70 milhões de pessoas falam italiano como primeira língua, mas o número total de falantes chega a 90 milhões.

Onde é falado:

Principalmente na Itália e outras regiões europeias próximas ao país. Além disso, é falado por comunidades emigrantes presentes em diversos países, inclusive no Brasil, onde a influência da imigração italiana é bastante marcante.

Classificação:

O italiano é uma língua indo-europeia da subfamília românica, ou seja, assim como o português, é uma língua latina.

Desse modo, o italiano tem muitas características lexicais e estruturais presentes na língua portuguesa: gêneros masculino e feminino, conjugações verbais, etc. Todavia, algo pode soar diferente aos falantes do português: o plural das palavras.

Enquanto em português usamos principalmente a letra "s" para firmar os plurais, no italiano, o que ocorre geralmente é que as palavras terminadas em "o" fazem plural em "i", enquanto as que terminam em "a" têm seu plural em "e". Por exemplo, a palavra "menino" → bambino, no plural fica "meninos" → bambini. No caso de menina seria *bambina*, no singular e *bambine*, no plural. Existem exceções à regra, mas explorar a língua com profundidade não seria o objetivo nesse momento.

Destaques:

Os italianos fazem parte da maior massa de imigrantes que vieram para o Brasil. Além disso, muitas empresas presentes no país têm origem ou influência italiana, sem contar o grande número de turistas italianos que visitam o Brasil.

O italiano é a língua da moda, da música clássica, de inúmeras produções artísticas mais contemporâneas e também uma das línguas com maior sonoridade, o que faz com que as pessoas geralmente a elejam como a língua mais bonita do mundo.

Ademais, a Itália tem um dos mais proeminentes patrimônios artísticos da humanidade, com destaque para as épocas do Renascimento e do Barroco, representadas por diversos artistas como Leonardo da Vinci, Michelangelo e Bernini Giotto. A maior parte dos patrimônios artísticos do Ocidente estão na Itália. Uma das obras mais famosas é a *Divina Comédia* de Dante de Dante Alighieri, originalmente escrita no dialeto toscano.

Curiosidades:

Podemos considerar que a Itália se localiza no epicentro da formação da cultura ocidental. Lá estava o governo do império romano, em que se falava o latim, língua que mais tarde se dividiu nas atuais línguas românicas: italiano, francês, espanhol, português, catalão e romeno, entre outras.

Até pouco tempo, a Itália não falava uma língua unificada, ou seja o italiano não era a língua falada em toda a Itália. O território étnico-cultural do país era dividido em vários dialetos do italiano e até em línguas diferentes, como o veneziano e o siciliano, ainda falados atualmente. Existem, inclusive, regiões em que se fala o catalão, língua falada principalmente no leste espanhol e nas ilhas baleares.

No Brasil ainda existem comunidades que falam italiano ou outras línguas e dialetos provenientes da Itália, como por exemplo, o veneziano. A imigração italiana para a região Sudeste e Sul foi tão expressiva, que atualmente o sotaque paulistano carrega traços de forte influência italiana, o que pode ser melhor percebido em bairros da capital paulista, como Mooca e Bixiga (Bela Vista).

1. Cumprimentos

Sim → Sì [sì]

Não → No [no]

Bem-vindo(a)! → Benvenuto! (m), benvenuta! (f) [benvenuto, benvenuta]

Por favor → Per piacere [per pyatşere]

Obrigado! → Grazie! [gratsie]

Bom dia! → Buongiorno! [bwondjiorno]

Boa tarde! → Buon pomeriggio! [bwon pomeridjo]

Boa noite! → Buona sera! [bwona sera]

Como vai? → Come sta? [kome sta]

Bem, obrigado. → Bene, grazie. [bene, gratsie]

Boa noite! (despedida) → Buona notte! [bwona note]

Adeus! Tchau! → Addio! Ciao! [adio tşyaw]

2. Informações Pessoais

Qual é seu nome? → Come si chiama? [kome si kyama]

Meu nome é Maria. → Mi chiamo Maria. [mi kyamo maria]

Prazer em conhecer. → Piacere! [pyatşere]

Você fala inglês? → Parla inglese? [parla inglese]

De onde você é? → Da dove vieni? [da dove vyeni]

Brasil → Brasile [brasile]

Portugal → Portogallo [portogallo]

Angola → Angola [angola]

Moçambique → Mozambico [motsambiko]

Turista → Turista [turista]

Pessoa de negócios. → Persona d'affari. [persona dafari]

Sou estudante. → Sono uno studente. [sono uno studente]

3. Objetos e Animais

O quê? → Cosa? [koza]

Férias → Vacanza [vakantsa]

Chave → Chiave [kyave]

Bagagem → Bagaglio [bagalyo]

Passaporte → Passaporto [passaporto]

Cachorro → Cane [kane]

Gato → Gatto [gato]

Livro → Libro [libro]

Roupa → Abbigliamento [abilyamento]

Telefone → Telefono [telẹfono]

4. Descrevendo as coisas

Isto é ... → Questo è ... [kwesto è]

Bom → Buono [bwono]

Ruim → Cattivo [kativo]

Bonito → Bello [bello]

Feio → Brutto [bruto]

Grande → Grande [grande]

Pequeno → Piccolo [píkolo]

Branco → Bianco [byanko]

Preto → Nero [nero]

Vermelho → Rosso [roso]

Azul → Blu [blu]

Amarelo → Giallo [djyallo]

Verde → Verde [verde]

Marrom → Marrone [marrone]

5. Tempo

Quando? → Quando? [kwando]

Agora → Adesso [adeso]

Depois → Dopo [dopo]

Hoje → Oggi [ogdji]

Frio → Freddo [fredo]

Chuva → Pioggia [piodjya]

Neve → Neve [neve]

Quente, calor → Caldo, calore [kaldo, kalore]

Sol → Sole [sole]

6. Lugares

Onde é...? → Dov'è ... [dové]

Banheiro, lavabo → Bagno, lavandino [baño, lavandino]

Hotel → Albergo [albergo]

Restaurante → Ristorante [ristorante]

Hospital → Ospedale [ospedale]

Aeroporto → Aeroporto [aeroporto]

Casa → Casa [kaza]
Perto → Vicino [vitşino]
Longe → Lontano [lontano]
Aberto → Aperto [aperto]
Fechado → Chiuso [kyuzo]

7. Direções e Transporte

Aqui → Qui [kwi]
Direita → Destra [destra]
Esquerda → Sinistra [sinistra]
Reto → Dritto [drito]
Avião → Aereo [aereo]
Carro → Auto [awto]
Trem → Treno [treno]
Ônibus → Autobus [awtobus]

8. Pessoas

Quem? → Chi? [ki]
Eu → Io [io]
Tu, Você → Tu, Lei [tu, ley]
Ele → Lui [lui]
Ela → Lei [ley]
Nós → Noi [noy]
Vós, Vocês → Voi [voy]
Eles → Loro [loro]
Elas → Loro [loro]
Homem → Uomo [womo]
Mulher → Donna [donna]
Pai → Padre [padre]
Mãe → Madre [madre]
Filho → Figlio [filyo]
Filha → Figlia [filya]
Amigo → Amico [amiko]

Marido → Marito [marito]

Esposa → Moglie [molye]

Amor → Amore [amore]

Eu te amo → Ti amo [ti amo]

9. Comes e Bebes

Comida → Cibo [tşibo]

Pão → Pane [pane]

Fruta → Frutta [fruta]

Peixe → Pesce [peşe]

Galinha → Pollo [polo]

Carne → Carne [karne]

Leite → Latte [late]

Água → Acqua [akwa]

Suco → Succo [suko]

10. Números

Quanto? → Quanto? [kwanto]

Quanto custa? → Quanto costa? [kwanto kosta]

Caro → Costoso [kostozo]

Barato → A buon mercato [a bwon merkato]

Um → Uno [uno]

Dois → Due [due]

Três → Tre [tre]

Quatro → Quattro [kwatro]

Cinco → Cinque [tşinkwe]

Seis → Sei [sey]

Sete → Sette [sete]

Oito → Otto [oto]

Nove → Nove [nove]

Dez → Dieci [dyetşi]

Quinze → Quindici [kwínditşi]

Vinte → Venti [venti]

Vinte e cinco → Venticinque [ventitşinkwe]

Cinquenta → Cinquanta [tşinkwanta]

Cem → Cento [tşento]

Duzentos → Duecento [duetşento]

Duzentos e cinquenta → Duecentocinquanta [duetşentotşinkwanta]

Quinhentos → Cinquecento [tşinkwetşento]

Mil → Mille [mile]

JAPONÊS

Falantes:

Aproximadamente 130 milhões de pessoas.

Onde é falado:

O japonês é falado no Japão e também em comunidades no Brasil, principalmente em São Paulo.

Classificação:

A classificação da língua japonesa é um tanto quanto controversa. Atualmente os linguistas preferem classificá-la como uma língua nipônica, com outras línguas e dialetos falados no arquipélago japonês.

Entretanto, devido a similaridades estruturais, em grande parte, o japonês já foi classificado como uma língua altaica, uma hipotética família linguística que incluiria o coreano, o mongol e as diversas línguas turcas. Houve também o estudo de uma hipotética família linguística ainda maior chamada uralo-altaica, que além das mencionadas incluiria o húngaro e o finlandês.

Atualmente, essas hipóteses não são mais bem aceitas, embora existam traços em comum em todas as línguas que fariam parte dessa grande família. É possível que a grande expansão territorial do império mongol, que englobou diversos grupos étnicos, principalmente os turcos, promoveu uma influência linguística mútua fazendo com que características estruturais sejam semelhantes nas línguas que dividiram espaço.

O japonês não tem gêneros, nem conjugações por pessoas gramaticais, mas os verbos são flexionados de acordo com o tempo e o modo, incluindo formas honoríficas, ou seja, as terminações dos verbos mudam conforme o grau de formalidade em que se expressa.

Assim como no turco, no mongol e no coreano as frases geralmente obedecem a sequência sujeito-objeto-verbo. Assim para dizer "eu comi sushi", em japonês ficaria "eu sushi comi". Além do mais, a língua usa posposições no lugar de preposições, o que quer dizer que em vez de dizer "em casa", os japoneses diriam "casa-em".

Destaques:

Devido à força da economia japonesa, o japonês está entre as línguas mais importantes para o mundo dos negócios. Diversas empresas globais são japonesas e muitas delas têm forte presença no Brasil.

Além disso, o Brasil abriga uma grande comunidade japonesa bastante presente, principalmente em São Paulo, onde o bairro da Liberdade se assemelha a um pedacinho do Japão no Brasil. A cultura japonesa também é bastante difundida por meio dos famosos mangás.

O japonês é resultado de uma identidade cultural própria, somada às culturas orientais, em especial, à chinesa e à indiana, que inspiraram a filosofia do Zen Budismo, com vasta literatura e práticas no Japão e no mundo, incluindo o Brasil.

Curiosidades:

O japonês é uma língua honorífica. Ela tem características estruturais que flexionam ou mudam as palavras conforme o grau de respeito ou formalidade que se tem em relação a com quem ou, de quem, se fala. Os verbos costumam ter duas formas: a neutra, encontrada nos dicionários, e a conjugada de forma honorífica, apropriada para situações formais, ou quando você não tem intimidade com a pessoa a quem se dirige. Por exemplo: o verbo "fazer" → suru [suru] tem sua forma "shimasu" [şimasị] em situações formais.

Outro aspecto interessante da língua é que os membros da família são diferentes em relação a quem está falando e outras pessoas. A palavra mãe, ou mamãe, quando a pessoa fala de sua própria mãe é "haha". Se estiver falando da mãe de outra pessoa dirá "okaasan" [okaasaŋ].

A escrita japonesa é um dos aspectos que pode parecer, pelo menos à primeira vista, bastante desafiador. Assim como muitos povos do leste asiático, os japoneses absorveram muito da cultura chinesa, que já utilizava a escrita. A escrita chinesa, porém, era adaptada à língua chinesa em uma lógica genérica, em que cada sílaba carrega consigo um significado e é representado por um símbolo (glifo) ou uma mistura de símbolos, que muitas vezes tem relação lógica ou abstrata com o significado.

Assim, no passado, para escrever, os japoneses estudavam chinês. Com o passar do tempo, passaram a usar os símbolos chineses para escrever japonês, o que mudava a sequência dos símbolos para se adequarem à maneira que os japoneses falavam.

Com o passar o tempo, os japoneses criaram sistemas de escritas não mais ligados a significados, mas a sons, chamados de "*kanas*". Cada letra representa o som de uma sílaba. Assim は corresponde a "*há*", り corresponde a "*ri*" e assim fizeram para todas as possibilidades de sílabas existentes na língua. Atualmente, a maior parte das palavras que carregam em si um significado, ainda são escritas em caracteres chineses, conhecidos como "*kanji*".

Os termos gramaticais são escritos de "*hiragana*", uma das versões de "*kanas*". A outra versão é a "*katakana*", usada para escrever palavras estrangeiras que não sejam chinesas. Como é um sistema silábico, muitas vezes a pronúncia destoa da palavra original. E isso me faz lembrar de uma história de uma amiga que tentou pedir um *milk-shake* em Tóquio. A atendente não compreendeu até que a palavra fosse pronunciada assim como é escrita em "*katakana*": "*miruku-sheku*".

1. Cumprimentos

Sim → はい [Hai | hay]

Não → いいえ [Iie | iie]

Bem-vindo(a) → ようこそ [Yōkoso | yookoso]

Por favor → すみません、どうぞ [Sumimasen (pedir), dōzo (oferecer) | sịmimaseŋ . doozo]

Obrigado! → ありがとう [Arigatō | arigatoo]

Bom dia! → おはようございます [Ohayō gozaimasu | ohayoo gozaymasị]

Boa tarde! → こんにちは [Konnichi wa | konnitşi wa]

Boa noite! → こんばんは [Komban wa| kombaŋ wa]

Como vai? → お元気ですか [O-genki desu ka | o-genki desị ka]

Bem. → 元気です [Genki desu | Genki desị]

Boa noite! (despedida) → お休みなさい [O-yasumi nasai | oyasịmi nasay]

Adeus! Tchau! → さようなら [Saiōnara | sayōnara]

2. Informações Pessoais

Qual é seu nome? → お名前は何ですか [O-namae wa nan desu ka? | onamae wa naŋ desị ka]

Meu nome é Yuki. → 私の名前は雪です [Watashi no namae wa Yuki desu. | watași no namae wa Yuki desị]

Prazer em conhecer. → どうぞよろしくお願いします [Dōzo yoroshiku o-negai shimasu. | doozo yoroșiku onegay șimasị]

Você fala inglês? → 英語ができますか [Eigo ga dekimasu ka? | eygo ga dekimasị ka?]

De onde você é? → どちらから来ましたか [Dochira kara kimashita ka? | dótșira kara kimașita ka?]

Brasil → ブラジル [Burajiru | buradjiru]

Portugal → ポルトガル [Porutogaru | porutogaru]

Angola → アンゴラ [Angora | aŋgora]

Moçambique → モザンビーク [mozanbīku | mozambiiku]

Sou turista. → 観光客です [Kankōkyaku desu | kankookyaku desị]

Sou uma pessoa de negócios. → ビジネスマナーです。 [Jigyōsha desu | djigyooșa desị]

Sou estudante. → 学生です [Gakusei desu | gakusey desị]

3. Objetos e Animais

O quê? → なんですか [Nan desu ka | naŋ desị ka]

Férias → 休暇 [Kyūka | kyuuka]

Chave → かぎ [Kagi | kagi]

Bagagem → 荷物 [Nimotsu | nimotsị]

Passaporte → パスポート [Pasupōto | pasịpooto]

Cachorro → 犬 [Inu | inu]

Gato → ねこ [Neko | neko]

Livro → 本 [Hon | hoŋ]

Roupa → 衣服 [Ifuku | ifịkị]

Telefone → 電話 [Denwa | denwa]

4. Descrevendo as coisas

Isto é... → これは... [Kore wa... | kore wa]

Bom → いい [Ī | ii]

Ruim → 悪い [Warui | waruy]

Bonito → 綺　。美しい [Kirei / Utsukushii | kirey / utsị̦kuşii]

Feio → 醜い [Minikui | minikuy]

Grande → 大きい [Ōkī | ookii]

Pequeno → 小さい [Chiisai | tşiisay]

Branco → 白い [Shiroi | şiroy]

Preto → 黒い [Kuroi | kị̣roy]

Vermelho → 赤い [Akai | akay]

Azul → 青い [Aoi | aoy]

Amarelo → 黄色い [Kiiroi | kiiroy]

Verde → 緑色 [Midori | midori]

Marrom → 茶色い [Cha-iroi | tşa iroy]

5. Tempo

Quando? → 何時ですか [Itsu desu ka? | itsị̦ desị̦ ka]

Agora → いま [Ima | ima]

Depois → 後 [Ato | ato]

Hoje → 今日 [Kyō | kyoo]

Frio → 寒い [Samui | samuy]

Chuva → 雨 [Ame | ame]

Neve → 雪 [Yuki | yuki]

Quente / calor → 暖かい [Attakai | attakay]

Sol → 太陽 [Taiyō | tayyoo]

6. Lugares

Onde é...? → どこですか [Doko desu ka? | doko desị̦ ka]

Banheiro / lavabo → トイレ [Toire | toyré]

Hotel → ホテル [Hoteru | hoterị̦]

Restaurante → レストラン [Resutoran | resi̥toraŋ]

Hospital → 病院 [Byōin | byooiŋ]

Aeroporto → 空港 [Kūkō | kuukoo]

Casa → 家 [Ie | ie]

Perto → 近く [Chikaku | tṣi̥kaki̥]

Longe → 遠く [Tōku | tooku]

Aberto → 開店 [Kaiten | kayten]

Fechado → 閉店 [Heiten | heyteŋ]

Mercado (Loja de conveniência) →　コンビニ [Konbini | konbini]

7. Direções e Transporte

Aqui → ここに [Koko ni | koko ni]

Direita → 右側に [Migigawa ni | migigawa ni]

Esquerda → 左側に [Hidarigawa ni | hidarigawa ni]

Reto → ますぐ [Masugu | masugu]

Avião → 飛行機 [Hikōki | hikooki]

Carro → 車 [Kuruma | ki̥ri̥ma]

Trem → 電車 [Densha | denṣa]

Ônibus → バス [Basu | bási̥]

8. Pessoas

Quem? → 誰ですか [Dare desu ka? | aare desi̥ ka]

Eu → 私 [Watashi | wataṣi]

Tu / Você → あなた [Anata | anata]

Ele → 彼 [Kare | kare]

Ela → 彼女 [Kanojo | kanodjo]

Nós → 私たち [Watashi tachi | wataṣitatṣi]

Vós / Vocês → あなたたち [Anata tachi | anatatatṣi]

Eles → 彼ら [Kare ra | kare ra]

Elas → 彼ら [Kanojo tachi | kanodjotatṣi]

Homem → 男 [Otoko | otoko]

Mulher → 女 [Onna | onna]

Pai → 父 、 お父さん [chichi [meu ou nosso] otōsan [seu] | tşitşi . otoosaŋ]

Mãe → 母 、 お母さん [haha [minha ou nossa] okāsan [sua] | haha . okāsaŋ]

Filho → 息子 [Musuko | músiko]

Filha → 娘 [Musume | musime]

Amigo → 友達 [Tomodachi | tomodatşi]

Marido → 夫 [Otto | otto]

Esposa → 妻 [Tsuma | tsima]

Amor → 愛 [Ai | ay]

Eu te amo → 愛してる [Ai shiteru | ay şiteru]

9. Comes e Bebes

Comida → 食べ物 [Tabemono | tabemono]

Pão → パン [Pan | paŋ]

Fruta → 果物 [Kudamono | kudamono]

Peixe → 魚 [Sakana | sakana]

Galinha → 鳥肉 [Toriniku | toriniku]

Carne → 牛肉 [Gyūniku | gyuuniku]

Leite → 牛乳 [Gyūnyū | gyuunyuu]

Água → 水 [Mizu | mizu]

Suco → ジュース [Jūsu | juusi]

10. Números

Quanto → いくら [Ikura | ikura]

Quanto custa? → いくらですか？ [Ikura desu ka? | ikura desi ka]

Caro → 高い [Takai | takay]

Barato → 安い [Yasui | yasuy]

Um → 一 [Ichi | itşi]

Dois → 二 [Ni | ni]

Três → 三 [San | saŋ]

Quatro → 四 [Yon / shi | yoŋ / şi]

Cinco → 五 [Go | go]

Seis → 六 [Roku | rokị]

Sete → 七 [Nana / Shichi | nana / şitşi]

Oito → 八 [Hachi | hatşi]

Nove → 九 [Kyū | kyuu]

Dez → 十 [Jū | djuu]

Quinze → 十五 [Jūgo | djuugo]

Vinte → 二十 [Nijū | nidjuu]

Vinte e cinco → 二十五 [Nijūgo | nijuugo]

Cinquenta → 五十 [Gojū | gojuu]

Cem → 百 [Hyaku | hyakị]

Duzentos → 二百 [Nihyaku | nihyakị]

Duzentos e cinquenta → 二百五十 [Nihyaku gojū | nihyakị gojuu]

Quinhentos → 五百 [Gohyaku | gohyakị]

Mil → 千 [Sen | seŋ]

PERSA (FARSI)

Falantes:

Aproximadamente 100 milhões de pessoas, o que faz do persa uma das línguas mais importantes do mundo.

Onde é falado:

O persa é falado principalmente no Irã, antes chamado de Pérsia, no Afeganistão e no Tajiquistão. Nesses dois últimos países é conhecido como dari e tajique, respectivamente. O persa tem sido uma língua de grande prestígio e já foi língua oficial da Índia e, ainda hoje, pode-se contemplar a escrita persa representada de forma artística em diversas construções indianas, incluindo o famoso Taj Mahal.

Classificação:

O persa ou farsi pertence à grande família linguística indo-europeia e subfamília indo-ariana assim como o hindustani, o curdo e outras línguas faladas na Ásia Central.

Ao contrário do que muitas pessoas acreditam, o persa não tem a mesma origem que o árabe, embora utilize o alfabeto árabe com algumas letras adicionais em sua escrita. É como o português e o alemão, ambos escritos em alfabeto romano, mas diferentes linguisticamente.

Antes do Império Islâmico, o persa já foi escrito em outros alfabetos. Atualmente, sua versão falada no Tajiquistão é escrita em alfabeto cirílico por influência russa.

O persa é uma língua relativamente simples em termos gramaticais, tendo poucas irregularidades, além de não apresentar gêneros como, por exemplo, o masculino e o feminino, presentes no português.

Destaques:

Além de ser uma língua com número significativo de falantes, o persa é uma língua que permite a imersão a um universo cultural de considerável relevância histórica.

Importantes pensadores têm sua produção original publicada em persa. Entre eles, destacam-se Hafez, Rumi e Ferdowsi.

Existem falantes de persa espalhados pelos mais variados cantos do mundo. Algumas palavras na língua podem abrir portas para uma relação frutífera.

Curiosidades:

Sendo uma língua indo-europeia, assim como o português, não é difícil encontrar algumas semelhanças. O pronome "tu" do português é falado exatamente da mesma maneira em persa "tu".

Os números também mostram semelhança. "Yek, do, se, tşahar..." lembram de longe seus cognatos em português.

Algumas palavras persas foram incorporadas à língua portuguesa, trazidas pelos navegadores e exploradores, quando Portugal era um império global. Entre elas, estão "bazar" e "jasmim".

1. Cumprimentos

Sim → بله [bale]

Não → نه [na]

Bem-vindo(a) → خوش امديد [Îhoş aamadid]

Por favor → لطفاً [lotfan]

Obrigado! → متشکرم [motaşakkeram]

Bom dia! → صبح بخير [sob beĥeyr]

Olá! → سَلام [salaam]

Como vai? → حال شما چطور است [haal şomaa tşetor e]

Bem, obrigado. → خوب ، متشکرم [Îhub, motaşakkeram]

Adeus! Tchau! → خداحافظ [Îhodaa haafez]

2. Informações Pessoais

Qual é seu nome? → اسم شما چیست [esme şomaa tşi ye]

Meu nome é Amana. → اسمم آمانا است [esmam amana ye]

Prazer em conhecer. → از ملاقات شما خوشبختم [az malaaʁat şomaa ĥoşbaĥtam]

Você fala inglês? → شما انگلیسی بلدید؟ [şomaa ingilisi baladin]

De onde você é? → شما کجایی هستید [şomaa kodjaayi hastin]

Brasil → برزیل [brazil]

Portugal → پرتغال [portugaal]

Angola → آنگولا [aanguula]

Moçambique → موزامبیک [muuzambik]

Sou turista. → من توریست هستم [man turistam]

Sou uma pessoa de negócios. → من تاجر هستم [man taajeram]

Sou estudante. من یک دانشجو هستم [man yek daneşdju yam]

3. Objetos e Animais

O quê? → چی [tşi]

Férias → تعطیلات [taatilaat]

Chave → کلید [kelid]

Bagagem → بار [baar]

Passaporte → گذرنامه [gazarnaame]

Cachorro → سگ [sag]

Gato → گربه [gorbe]

Livro → کتاب [ketaab]

Roupa → لباس [lebaas]

Telefone → تلفن [telefon]

4. Descrevendo as coisas

Isto é... → ... است [... e]

Bom → خوب [ĥub]

Ruim → بد [bad]

Bonito → قشنگ [ʁaşang]

Feio → زشت [zeşt]

Grande → بزرگ [bozorg]

Pequeno → کوچک [kutşik]

Branco → سفید [sefid]

Preto → سیاه [siyaah]

Vermelho → قرمز [ʁermez]

Azul → آبی [aabi]

Amarelo → زرد [zard]

Verde → سبز [sabz]

Marrom → قهوه ای [gahveyi]

5. Tempo

Quando? → کی [key]

Agora → حالا [haalaa]

Depois → بعدا [baadaan]

Hoje → امروز [emruuz]

Frio → سرد [sard]

Chuva → باران [baraan]

Neve → برف [barf]

Quente / calor → داغ [daaʁ]

Sol → آفتاب [aaftaab]

6. Lugares

Onde é...? → کجاست [kojaaye]

Banheiro / lavabo → توالت [tuvaalet]

Hotel → هتل [hotel]

Restaurante → رستوران [resturaan]

Hospital → بیمارستان [bimaarestaan]

Aeroporto → فرودگاه [furudgaah]

Casa → خانه [ĥaane]

Perto → نزدیک [nazdik]

Longe → دور [dur]

Aberto → باز [baaz]

Fechado → تعطیل [taatil]

7. Direções e Transporte

Aqui → اینجا [injaa]

Direita → راست [raast]

Esquerda → چپ [tşap]

Reto → مستقیم [mostaʁim]

Avião → هواپیما [havaapeymaa]

Carro → ماشین [maaşin]

Trem → قطار [ʁataar]

Ônibus → اتوبوس [utubus]

8. Pessoas

Quem? → کی ؟ [ki]

Eu → من [man]

Tu / Você → تو.شما [tu . şomaa]

Ele → او [u]

Ela → او [u]

Nós → ما [maa]

Vós / Vocês → شما [şomaa]

Eles → آنها [aanhaa]

Elas → آنها [aanhaa]

Homem → مرد [mard]

Mulher → خانم [ĥaanom]

Pai → پدر [pedar]

Mãe → مادر [maadar]

Filho → پسر [pesar]

Filha → دختر [doĥtar]

Amigo → دوست [dust]

Marido → شوهر [şohar]

Esposa → زن [zan]

Amor → عشق [eşʁ]

Eu te amo → دوستت دارم [dustet daaram]

9. Comes e Bebes

Comida → غذا [ʁazaa]

Pão → نان [naan]

Fruta → میوه [miveh]

Peixe → ماهی [maahi]

Galinha → مرغ [morʁ]

Carne → گوشت [guşt]

Leite → شیر [şir]

Água → آب [aab]

Suco → آب میوه [aab mive]

10. Números

Quanto? → چقدر؟ [tşeʁadr]

Caro → گران [geraan]

Barato → ارزان [arzaan]

Um → یک [yek]

Dois → دو [do]

Três → سه [se]

Quatro → چهار [tşaahaar]

Cinco → پنج [pandj]

Seis → شش [şiş]

Sete → هفت [haft]

Oito → هشت [haşt]

Nove → نه [noh]

Dez → ده [dah]

Quinze → پانزده [punzdah]

Vinte → بیست [bist]

Vinte e cinco → بیست و پنج [bist o pandj]

Cinquenta → پنجاه [pandjaah]

Cem → صد [sad]

Duzentos → دویست [divist]

Duzentos e cinquenta → دویست و پنجاه [Divist o pandjaah]

Quinhentos → پانصد [punsad]

Mil → هزار [hezaar]

POLONÊS

Falantes:

Aproximadamente 50 milhões de pessoas, das quais 5 milhões falam polonês como segunda língua.

Onde é falado:

Na Polônia e em países próximos.

Classificação:

O polonês é uma língua indo-européia, pertencente à subfamília eslava, assim como a língua russa. Apesar de o polonês e o russo serem escritos em alfabetos diferentes, as línguas têm diversas similaridades.

O polonês apresenta casos gramaticais, ou seja, as terminações das palavras mudam conforme a função gramatical que desempenham na frase. Os verbos são conjugados de acordo com o tempo e aspecto.

O polonês tem um sistema de escrita peculiar, com fonemas próprios, não sendo incomum encontrar diversas consoantes juntas.

Destaques:

Além de ser uma língua com um número significante de falantes, o polonês é bastante semelhante a outras línguas eslavas faladas na Europa, como o tcheco e o eslovaco, por exemplo. Os países eslavos oferecem grandes atrações turísticas.

Conhecer polonês permite você se familiarizar com a cultura de um país que viveu uma das mais turbulentas histórias da Europa, tendo suas fronteiras modificadas várias vezes e sendo palco de batalhas entre países das Europas Ocidental e Oriental.

A colônia polonesa no Brasil é grande. Estima-se que existam aproximadamente um milhão e meio de poloneses e descendentes no país, sendo alguns deles famosos, como Angélica, Renara Sorrah e Serginho Groisman.

Curiosidades:

O polonês é muitas vezes mencionado como uma língua difícil para se   aprender, tendo virtualmente as mesmas complicações de outras línguas eslavas, como por exemplo, a russa.

Embora haja muitas semelhanças entre o russo e o polonês, o russo passou a ser escrito em alfabeto cirílico, desenvolvido pelos missionários cristãos ortodoxos São Cirilo e São Metódio, enquanto o polonês, por influência da igreja católica romana usa o alfabeto romano.

A sonoridade das línguas eslavas, porém, é bastante semelhante, e há quem diga que lembra a língua portuguesa.

1. Cumprimentos

Sim → Tak [tak]

Não → Nie [ñẹ]

Bem-vindo(a)! → Witam! [vitám]

Por favor → Proszę [prọşẹ]

Obrigado! → Dziękuję! [dyẹŋkujẹ]

Bom dia! → Dzień dobry! [dyẹñ dọbrı]

Boa tarde! → Dzień dobry! [dyẹñ dọbrı]

Boa noite! → Dobry wieczór! [dọbrı vyẹtşur]

Como vai? → Jak się Pan ma (m), Jak się Pani ma (f)? [yak şyẹŋ pan ma (m), yak şyẹŋ pani ma (f)]

Bem, obrigado. → Cóż, dzięki. [tsusz, dyẹŋki]

Boa noite! (despedida) → Dobranoc! [dobránots]

Adeus! Tchau! → Do widzenia! [do vidzẹnya]

2. Informações Pessoais

Qual é seu nome? → Jak się Pan nazywa? (m), Jak się Pani nazywa? (f) [yak şyẹ pan nazıva (m), yak şyẹ pani nazıva (f)]

Meu nome é Adrian. → Mam na imię Adrian. [mam na imyẹŋ adryan]

Prazer em conhecer. → Bardzo mi miło. [bardzo mi miwọ]

Você fala inglês? → Czy mówi pan po angielsku? [tşı muvi pan pọ angyẹlsku (m) tşı muvi pani pọ angyẹlsku]

De onde você é? → Skąd Pan pochodzi ? (m), Skąd Pan pochodzi ? (f) [skǫnd pan pǫĥǫdji (m), skǫnd pani pǫĥǫdji (m)]

Brasil → Brazylia [brazılya]

Portugal → Portugalia [pǫrtugalya]

Angola → Angola. [angǫla]

Moçambique → Mozambik. [mǫzambik]

Sou turista. → Jestem turysta. [yęstęm turısta]

Sou uma pessoa de negócios. → Jestem przedsiębiorca. [yęstęm pşętşyęmbyǫrtsa]

Sou estudante. → Jestem studentką. [yęstęm studęntkǫ̃ŋ]

3. Objetos e Animais

O quê? → Co? [tsǫ]

Férias → Wakacje [vakatsyę]

Chave → Klucz [klutş]

Bagagem → Bagaż [bágaj]

Passaporte → Paszport [paşpǫrt]

Cachorro → Pies [pyęs]

Gato → Kot [kǫt]

Livro → Książka [kşyǫŋszka]

Roupa → Odzież [ǫdyęsz]

Telefone → Telefonu [tęlęfǫn]

4. Descrevendo as coisas

Isto é... → To jest... [tǫ yęst ..]

Bom → Dobrze [dǫbję]

Ruim → Źle [jylę]

Bonito → Piękny [pyę̃knı]

Feio → Brzydki [bjɪtki]

Grande → Duży [dujɪ]

Pequeno → Mały [mawı]

Branco → Biały [byawı]

Preto → Czarny [tşarnı]

Vermelho → Czerwony [tşęrvǫnı]

Azul → Niebieski [ñębyęski]
Amarelo → Żółty [juwtı]
Verde → Zielony [jyęlǫnı]
Marrom → Brązowy [brǫ̃ŋzǫvı]

5. Tempo

Quando? → Kiedy? [kyędı]
Agora → Teraz [tęras]
Depois → Później [pujyñęy]
Hoje → Dzisiaj [dişyay]
Frio → Zimno [jyimnǫ]
Chuva → Deszcz [dęştş]
Neve → Śnieg [şyñęg]
Quente / calor → Gorąco [gorǫ̃ntso]
Sol → Słońce [wsǫntsę]

6. Lugares

Onde é...? → Gdzie jest... [gdyę yęst..]
Banheiro / lavabo → Toaleta [tǫalęta]
Hotel → Hotel [hǫtęl]
Restaurante → Restauracja [ręstauratsya]
Hospital → Szpital [şpital]
Aeroporto → Lotnisko [lǫtñiskǫ]
Casa → Dom [dǫm]
Perto → Blisko [bliskǫ]
Longe → Daleko [dalękǫ]
Aberto → Otwórz [ǫtfuş]
Fechado → Zamknięte [zamkñęntę]

7. Direções e Transporte

Aqui → Tu [tu]
Direita → Prawo [pravǫ]
Esquerda → Lewo [lęvǫ]

Reto → Prosto [prọstọ]

Avião → Samolot [samọlọt]

Carro → Samochód [samọhut]

Trem → Pociąg [pọtşyọŋg]

Ônibus → Autobus [autọbus]

8. Pessoas

Quem? → Kto [ktọ]

Eu → Ja [ya]

Tu / Você → Ty, Pan (m), Pani (f) [tɪ, pan (m), pani (f)]

Ele → On [ọn]

Ela → Ona [ọna]

Nós → My [mɪ]

Vós / Vocês → Wy [vɪ]

Eles → Oni [ọñi]

Elas → Oni [ọñi]

Homem → Mężczyzna [mẹtşɪzna]

Mulher → Kobieta [kọbyẹta]

Pai → Ojciec [ọytşẹts]

Mãe → Matka [matka]

Filho → Syn [sɪn]

Filha → Córka [tsurka]

Amigo → Przyjaciel [pşɪyatşyẹl]

Marido → Mąż [mọŋsz]

Esposa → Żona [jọna]

Amor → Miłość [miwọştş]

Eu te amo → Kocham cię [kóham tşyẹ]

9. Comes e Bebes

Comida → Jedzenie [yẹdzẹñẹ]

Pão → Chleb [n̂lẹp]

Fruta → Owoc [ọvọts]

Peixe → Ryba [rɪba]

Galinha → Kurczak [kurtşak]

Carne → Mięso [myệsọ]

Leite → Mleko [mlękọ]

Água → Woda [vọda]

Suco → Sok [sọk]

10. Números

Quanto? → Ile [ilę]

Quanto custa? → Ile to kosztuje? [ilę tọ kọştuyę]

Caro → Drogie [drógyę]

Barato → Tanie [tañyę]

Um → Jeden [yędęn]

Dois → Dwa [dva]

Três → Trzy [trşı]

Quatro → Cztery [tştęrı]

Cinco → Pięć [pyęñtşy]

Seis → Sześć [şệşytşy]

Sete → Siedem [şyędęm]

Oito → Osiem [ọşyęm]

Nove → Dziewięć [dyęvyęñtşy]

Dez → Dziesięć [dyęşyęñtşy]

Quinze → Piętnaście [pyęntnaşytşyę]

Vinte → Dwadzieścia [dvadyęşytşya]

Vinte e cinco → Dwadzieścia pięć [dvadyęşytşya pyęñtşy]

Cinquenta → Pięćdziesiąt [pyęñtşydyęşyọnt]

Cem → Sto [stọ]

Duzentos → Dwieście [dvyęşytşyę]

Duzentos e cinquenta → Dwieście pięćdziesiąt [dvyęşytşyę pyęñtşydyęşyọnt]

Quinhentos → Pięćset [pyęñtşysęt]

Mil → Tysiąc [tışyọnts]

RUSSO

Falantes:

Aproximadamente 260 milhões de pessoas, das quais 150 milhões são falantes nativos no vasto território que compreende a Rússia e países integrantes da antiga União Soviética.

Onde é falado:

Na Rússia e mais 13 países como primeira ou segunda língua, além de mais regiões para onde falantes de russo migraram, o que inclui o Brasil.

Classificação:

É uma língua que pertence à grande família linguística indo-europeia, assim como o português e o inglês. A diferença é que o português está na subfamília latina, o inglês na germânica, enquanto o russo está na eslava com o polonês e o tcheco, além de outras línguas faladas, principalmente no Leste Europeu.

O russo é uma língua bastante sintética, o que significa que os verbos são conjugados conforme tempo, pessoa e aspectos, entre outros. Os substantivos, adjetivos e pronomes têm suas terminações mudadas conforme caso gramatical, como: acusativo, dativo, genitivo, etc.

Por exemplo, a frase: Essa é minha irmã → Это моя сестра [ęta mayá sistrá], o termo "minha irmã"→ моя сестра [mayá sistrá] está no caso nominativo. Se falarmos: "Eu amo minha irmã", o termo "minha irmã" terá terminações modificadas para o caso acusativo → Я люблю мою сестру [ya lyublyú mayú sistrú], pois se trata de objeto direto. Além do nominativo, existem mais quatro outros casos e diferentes padrões de declinação que variam conforme gênero e terminação da palavra.

A língua tem três gêneros: masculino, feminino e neutro, diferente do português que só tem os dois primeiros.

Destaques:

O russo não é apenas a língua do país da copa de 2018. É uma das seis línguas oficiais da Organização das Nações Unidas, e está entre as dez mais faladas do mundo.

A Rússia tem forte tradição nas artes como: balé, música, teatro, cinema e literatura. Obras de Leo Tolstoy, Fyodor Dostoevsky e Nikolai Gogol são conhecidas mundialmente.

A Rússia e demais países onde o russo é falado formam juntos uma importante região em termos econômicos e políticos. Falar russo abre portas para desenvolver relações e negócios com essas regiões.

Curiosidades:

Embora por um lado a gramática russa possa parecer difícil, o alfabeto pode ser facilmente memorizado em questão de poucos dias com poucos minutos diários de prática.

A pronúncia das palavras também é relativamente fácil para quem fala o português. O russo e o português são, muitas vezes, confundidos por quem não fala a língua devido à sua sonoridade. Algumas palavras e termos até são bastante semelhantes. Exemplos:

Eu vejo → Я вижу [ya víju],

Escola → Школа [şkola], semelhante a como o carioca pronuncia em português.

Secretária → Секретаря [sekretárya], secretária, pronúncia quase idêntica.

Marca → Марка [Marka], marca também idêntico ao português.

1. Cumprimentos

Sim → Да [da]

Não → Нет [nyet]

Bem-vindo(a) → Добро пожаловать [dąbró pajálavat']

Por favor → Пожалуйста! [pajáljsta]

Obrigado! → Спасибо [spaspíbạ]

Bom dia! → Доброе утро! [dóbriye utrạ]

Boa tarde! → Добрый день! [dọbriy dyen]

Boa noite! (chegada) → Добрый вечер! [dobri vyétşer]

Como vai? → Как дела? [kak dilá]

Bem, obrigado. → Хорошо, спасибо. [ĥaraşó, spasíba]

Boa noite! (despedida) → Спокойной ночи! [spạkóynạy notşi]

Adeus! Tchau! → До свидания. Пока! [da svidánya / paká]

2. Informações Pessoais

Qual é seu nome? → Как вас зовут? [kak vas zavút]

Meu nome é Dmitri. → Меня зовут Дмитрий [minyá zavút dmítri]

Prazer em conhecer. → Очень приятно. [ótşɪn priyátnạ]

Você fala Inglês? → Вы говорите по–английски? [vɪ gavarítye pa–angliyski]

De onde você é? → Откуда вы? [otkúda vɪ]

Brasil → Бразилия [brazíliya]

Portugal → Португалия [partugáliya]

Angola → Ангола [angola]

Moçambique → Мозамбик [mozambik]

Sou turista. → Я турист. [ya turist]

Sou uma pessoa de negócios. → Я бизнесмен. [ya biznyezmyen]

Sou estudante. → Я студент (M). Я студентка (F). [ya studyent / ya studyentka]

3. Objetos e Animais

O quê? → Что? [şto]

Férias → Отпуск [ótpusk]

Chave → Ключ [klyutş]

Bagagem → Багаж [bagaj]

Passaporte → Паспорт [páspạrt]

Cachorro → Собака [sạbaka]

Gato → Кот [kot]

Livro → Книга [kniga]

Roupa → Одежда [ạdyejda]

Telefone → Телефон [tilifon]

4. Descrevendo as coisas

Isto é... → Это... [ẹta]

Bom → Хорошо [ḫạraşó]

Ruim → Плохо [ploḫa]

Bonito → Красивое [krạsívaye]

Feio → Уродливое [uródlivaye]

Grande → Большой [bạlşóye]

Pequeno → Маленькое [mályenkaye]

Branco → Белое [byélạye]

Preto → Чёрное [tşyọ́rnạye]

Vermelho → Красное [krásnạye]

Azul → Синое [síniạye]

Amarelo → Жёлтое [jyóltạye]

Verde → Зелёное [zilyónạye]

Marrom → Коричневое [koritşnevoye]

5. Tempo

Quando? → Когда? [kạgdá]

Agora → Теперь [tipyér']

Depois → Позже [pózje]

Hoje → Сегодня [sivódnya]

Frio → Холодно [ḫólạdnạ]

Chuva → Дождь [dojd']

Neve → Снег [Snyeg]

Quente / calor → Тепло [Tipló]

Sol → Солнце [Sólntse]

6. Lugares

Onde é...? → Где... [gdye]

Banheiro / lavabo → Туалет [tualyét]

Hotel → Отель [atyél']

Restaurante → Ресторан [ryestạrán]

Hospital → Больница [ból'nitsa]

Aeroporto → Аэропорт [ạẹrạpórt]

Casa → Дом [dom]

Centro de compras → Торговый центр [tạrgóvıy tsyentr]

Perto → Близко [blískạ]

Longe → Далеко [dalyikó]

Aberto → Открыто [ạtkrítạ]

Fechado → Закрыто [zạkrítạ]

7. Direções e Transporte

Aqui → Здесь [zdyés']

Direita → Направо [naprávạ]

Esquerda → Налево [nalyévạ]

Reto → Прямо [pryámạ]

Avião → Самолёт [samạlyót]

Carro → Автомобиль [avtạmóbil']

Trem → Поезд [póyezd]

Ônibus → Автобус [aftobus]

8. Pessoas

Quem? → Кто? [kto]

Eu → Я [ya]

Tu / Você → Ты. Вы [tı / vı]

Ele → Он [on]

Ela → Она [ạná]

Ele / Ela (neutro) → Оно [ạnó]

Nós → Мы [mı]

Vós / Vocês → Вы [vı]

Eles / Elas → Они [ạní]

Homem → Мужчина [mújtşina/múşina]
Mulher → Женщина [jénştşina / jénşina]
Pai → Папа [pápa]
Mãe → Мама [máma]
Filho → Сын [sın]
Filha → Дочь [dotş']
Amigo → Друг [drug]
Amiga → Подруга [pạdrúga]
Marido → Муж [muj]
Esposa → Жена [jená]
Amor → Любовь [lyúbov']
Eu te amo → Я люблю тебя [ya lyublyú tibyá]

9. Comes e Bebes

Comida → Еда [yedá]
Pão → Хлеб [ĥlyeb]
Fruta → Фрукты [frúktı]
Peixe → Рыба [rıba]
Galinha → Курица [kúritsa]
Carne → Говяжий [govyájiy]
Leite → Молоко [mạlạkó]
Água → Вода [vạdá]
Suco [de frutas] → Сок [sok]

10. Números

Quanto? → Сколько? [skol'kạ]
Quanto custa? → Сколько это стоит? [skol'kạ ẹtạ stóit]
Caro → Дорого [dạrogạ]
Barato → Дешёвое [dyeşyóvaye]
Um → Один [ạdín]
Dois → Два [dvá]
Três → Три [tri]
Quatro → Четыре [tşitịrye]

Cinco → Пять [pyát']

Seis → Шесть [şest]

Sete → Семь [syem']

Oito → Восемь [vósyem']

Nove → Девять [dyévit']

Dez → Десять [dyésyet']

Quinze → Пятнадцать [pyatnádtsat']

Vinte → Двадцать [dvádtsat]

Vinte e cinco → Двадцать пять [dvádtsat' pyat']

Cinquenta → Пятьдесят [pyat'dyesyát]

Cem → Сто [sto]

Duzentos → Двести [dvyésti]

Duzentos e cinquenta → Двести пятьдесят [Dvyésti pyat'dyesyát]

Quinhentos → Пятьсот [pyat'sót]

Mil → Тысяча [tísitşa]

SUAÍLE

Falantes:

O número exato de falantes da língua parece ser um mistério. Como língua nativa, a estimativa é que talvez chegue a 10 milhões de pessoas, mas somando aos que usam como segunda língua pode chegar a 150 milhões, o que colocaria o suaíle entre uma das línguas mais faladas do mundo.

Onde é falado:

O suaíle é uma das línguas que mais têm ganhado importância nos últimos tempos, se tornando língua franca em grande parte do leste africano. A língua é falada principalmente na Tanzânia e no Quênia, mas também é usada no Congo, em Moçambique, Ilhas Comores, Ruanda e Uganda, muitas vezes, fazendo parte do currículo escolar. Além do árabe, é a única língua não europeia adotada como oficial na União Africana, chamada em suaíle de umoja wa Afrika.

Classificação:

O suaíle está entre as línguas mais conhecidas da família bantu, assim como as línguas ancestrais de grande parte da população negra brasileira.

O suaíle tem um sistema de classe de substantivos que lembra os nossos gêneros: feminino e masculino. A diferença é que as classes bantas chegam a 14, incluindo as formas plurais. A gramática da língua funciona em consonância com essas classes. Além disso, a marcação de classes vem no início da palavra e não no fim. Por exemplo, a palavra livro → kitabu [proveniente do árabe]. A palavra pequeno → -dogo. Para dizer "livro pequeno", devemos usar a concordância: _kitabu kidogo_. O plural dessa classe é feito com a inicial **vi-**. Assim, "livros pequenos" ficaria _vitabu vidogo_.

Diferentemente de outras línguas africanas, o suaíle não é uma língua tonal. Tem uma escrita fonética e silábica, bastante fácil e regular, o que facilita enormemente a pronúncia.

Essa e outras características do suaíle estão presentes em muitas das várias línguas bantu, inclusive aquelas que vieram parar no Brasil e influenciaram o português falado aqui.

Destaques:

O suaíle está entre as línguas africanas mais estudadas e mais internacionalizadas. É uma língua que abre portas para uma vasta área geográfica, rica em diversidade cultural.

Termos como *"simba safari"* (leão + viagem) e *"hakuna matata"* (sem problemas) estão entre os mais conhecidos. É a língua da produção musical "O Rei Leão" e de músicas famosas, como *Malaika*, que significa "anjo".

Curiosidades:

Embora o suaíle seja uma língua bantu, foi fortemente influenciada pelo árabe. Seu nome "swahili' quer dizer "costa" ou "litoral" em árabe. Era justamente no litoral do leste africano que comerciantes árabes aportavam e faziam comércio com os africanos que ali viviam.

Antes de ser escrito em alfabeto romano, o suaíle foi escrito por muito tempo em alfabeto árabe. Grande parte da população suaíle é muçulmana, mas também existe expressiva presença cristã. A mescla de culturas influenciou a arquitetura, a culinária e outros aspectos do cotidiano suaíle.

O suaíle tem influência de outras línguas também, como: persa, hindustani, inglês, alemão e, como não poderia deixar de ter, do português. Exemplos são: igreja → gereza, Portugal → Urenu (O Reino), vinho → mvinyo, pão → pao, caixa → kasha [kaşa], além de muitas outras.

Já no português não existem muitas palavras de origem suaíle. Por outro lado, não faltam palavras oriundas de outras línguas da família bantu, como o umbundo e o kimbundu: marimbondo, tanga, quitanda, farofa, fubá, canjica, miçanga, quiabo, samba etc... Algumas até têm alguma relação com o suaíle. Ex.: caçamba pode ter relação com "andar" ou "caminhar" → kuhamba. Minhoca tem a mesma raiz da palavra "cobra" → nyoka. Essas relações se dão devido ao parentesco entre as línguas dos africanos que vieram para o Brasil e o suaíle.

1. Cumprimentos

Sim → Ndiyo [ndiyo]

Não → Hapana, La [hapana, la]

Bem-vindo(a) → Karibu [karibu]

Por favor → Tafadhali [tafadhali]

Obrigado! → Asante! [asante]

Bom dia! → Habari ya asubuhi! [habari ya asubuhi]

Boa tarde! → Habari ya alasiri! [habari ya alasiri]

Boa noite! → Habari za joni! [habari za djoni]

Como vai? → U hali gani? [u hali gani]

Bem, obrigado. → Nzuri sana. [nzuri sana]

Boa noite! (despedida) → Lala salama! [lala salama]

Adeus! Tchau! → Nzuri! Kwaheri! [nzuri kwaheri]

2. Informações Pessoais

Qual é seu nome? → Jina lako nani? [djina lako nani]

Meu nome é Amana. → Jinga langu ni Amana. [djinga langu ni amana]

Prazer em conhecer. → Nimefurahi kuonana na wewe. [nimefurahi kukuonana na wewe]

Você fala inglês? → Unasema Kingereza? [unasema kingereza?]

De onde você é? → Unatoka wapi? [unatoka wapi?]

Sou do Brasil. → Natoka Brazil. [natoka brazil]

Portugal → Natoka Ureno. [natoka ureno]

Angola → Natoka Angola. [natoka angola]

Sou de Moçambique. → Natoka Msumbiji. [natoka msumbidji]

Sou turista. → Mimi ni mtalii. [mimi ni mtalii]

Sou uma pessoa de negócios. → Mimi ni mfanyabiashara. [mimi ni mfanyabiaşara]

Sou estudante. → Mii ni mwanafunzi. [mii ni mwanafunzi]

3. Objetos e Animais

O quê? → Nini? [nini?]

Férias → Likizo [likizo]

Chave → Ufunguo [ufunguo]

Bagagem → Mzigo [mzigo]

Passaporte → Pasipoti [pasipoti]

Cachorro → Mbwa [mbwa]

Gato → Paka [paka]

Livro → Kitabu [kitabu]

Roupa → Nguo [nguo]

Telefone → Simu [simu]

4. Descrevendo as coisas

Isto é... → Ni... [ni]

Bom → Bora [bora]

Ruim → Mbowu, mbaya [mbowu, mbaya]

Bonito → ~zuri [~zuri]

Feio → Mbaya [mbaya]

Grande → Kubwa [kubwa]

Pequeno → Ndogo [ndogo]

Branco → Rangi nyeupe [rangi nyeupe]

Preto → Rangi nyeusi [rangi nyeusi]

Vermelho → Rangi nyekundu [rangi nyekundu]

Azul → Rangi ya buluu [rangi ya buluu]

Amarelo → Rangi manjano [rangi mandjano]

Verde → Rangi kijani [rangi kidjani]

Marrom → Rangi ya hudhurungi [rangi ya hudhurungi]

5. Tempo

Quando? → Lini? [lini?]

Agora → Sasa [sasa]

Depois → Baadaye [baadaye]

Hoje → Leo [leo]

Frio → Baridi [baridi]

Chuva → Mvua [mvua]

Neve → Theluji [theludji]

Quente / calor → Moto, Joto [moto, djoto]

Sol → Jua [djua]

6. Lugares

Onde é...? → Iko wapi... [iko wapi]

Banheiro / lavabo → Choo [tş oo]

Hotel → Hoteli [hoteli]

Restaurante → Mgahawa [mgahawa]

Hospital → Hospitali [hospitali]

Aeroporto → Uwanja wa ndege [uwandja wa ndege]

Casa → Nyumba [nyumba]

Perto → Karibu [karibu]

Longe → Mbali [mbali]

Aberto → Fungua [fungua]

Fechado → Funga [funga]

7. Direções e Transporte

Aqui → Hapa [hapa]

Direita → Kulia [kulia]

Esquerda → Kushoto [kuşoto]

Reto → Moja [modja]

Avião → Ndege [ndege]

Carro → Gari [gari]

Trem → Treni [treni]

Ônibus → Bus [bus]

8. Pessoas

Quem? → Nani? [nani]

Eu → Mimi [mimi]

Tu / Você → Wewe [wewe]

Ele → Yeye [yeye]

Ela → Yeye [yeye]

Nós → Sisi [sisi]

Vós / Vocês → Nyinyi [nyinyi]

Eles → Wao [wao]

Elas → Wao [wao]

Homem → Mtu [mtu]

Mulher → Mwanamke [mwanamke]

Pai → Baba [baba]

Mãe → Mama [mama]

Filho → Mtoto [mtoto]

Filha → Binti [binti]

Amigo → Rafiki [rafiki]

Marido → Mume [mume]

Esposa → Mke [mke]

Amor → Upendo [upendo]

Eu te amo → Ninakupenda [ninakupenda]

9. Comes e Bebes

Comida → Chakula [tşakula]

Pão → Mkate [mkate]

Fruta → Matunda [matunda]

Peixe → Samaki [samaki]

Galinha → Kuku [kuku]

Carne → Nyama [nyama]

Leite → Maziwa [maziwa]

Água → Maji [madji]

Suco → Juisi [djuisi]

10. Números

Quanto? → Bei gani? [bei gani?]

Quanto custa? → Bei gani hii? [bei gani hii?]

Caro → Ghali [ɓali]

Barato → Rahisi [rahisi]

Um → Moja [modja]

Dois → Mbili [mbili]

Três → Tatu [tatu]

Quatro → Nne [nne]

Cinco → Tano [tano]

Seis → Sita [sita]

Sete → Saba [saba]

Oito → Nane [nane]

Nove → Tisa [tisa]

Dez → Kumi [kumi]

Quinze → Kumi na tano [kumi na tano]

Vinte → Ishirini [işirini]

Vinte e cinco → Ishirini na tano [işirini na tano]

Cinquenta → Hamsini [hamsini]

Cem → Mia [mia]

Duzentos → Mia mbili [mia mbili]

Duzentos e cinquenta → Mia mbili na hamsini [mia mbili na hamsini]

Quinhentos → Mia tano [mia tano]

Mil → Elfu moja [elfu modja]

SUECO

Falantes:

Aproximadamente 9 milhões de pessoas.

Onde é falado:

Na Suécia e em parte da Finlândia. Geralmente também é compreendido na Noruega e na Dinamarca.

Classificação:

É uma língua que pertence à grande família linguística indo-europeia e subfamília germânica com o inglês e o alemão, por exemplo. Está mais proximamente ligada às línguas nórdicas, bem próximo do dinamarquês e norueguês [provavelmente mais próximos que o português e o espanhol] e mais distantemente do islandês.

O sueco é uma das línguas que descendem da língua nórdica antiga, falada pelos vikings. É uma língua que já perdeu muitas das suas qualidades sintéticas, sendo bastante simplificada e, até certo ponto, fácil. Diferentemente de muitas línguas que têm os gêneros masculino e feminino, o sueco tem o comum e o neutro. Outra peculiaridade de sua gramática é que os artigos definidos são acoplados depois da palavra. Por exemplo, a palavra "casa" em sueco é *hus*, semelhante ao cognato inglês house. Para dizer "a casa", usa-se o sufixo *–et*: *huset*.

Destaques:

Falar sueco abre portas para se comunicar com os demais países escandinavos, uma vez que as línguas são muito próximas e compreensíveis entre si.

Além disso, existem várias empresas suecas instaladas no Brasil como Ikea, Scania e Volvo, entre dezenas de outras mencionadas no site da Câmara de Comércio Sueco-Brasileira. Dependendo do cargo, falar sueco pode ser um diferencial, embora os suecos tenham a boa fama de falar bem o inglês.

O sueco também é a língua falada em produções artísticas contemporâneas como: Arne Dahl, The Bridge, e a versão original de Wallander. É vasta a lista de cantores e bandas suecas como ABBA, Ace of Base e The Girl With The Dragon Tattoo, embora, na maioria das vezes, cantem em inglês. Para quem gosta de música nórdica medieval com um toque contemporâneo, o grupo Garmarna produziu diversos álbuns em sueco.

Curiosidades:

Quem fala inglês e/ou alemão pode achar o sueco uma língua relativamente fácil de aprender, pois apresenta vocabulário semelhante e a gramática significativamente simples.

Por ser uma língua escandinava, o sueco ainda mantém semelhanças claras com a antiga língua dos vikings. É possível compreender algumas palavras ou até expressões do seriado "Vikings", quando falam em nórdico antigo.

Outro aspecto da língua é o uso de entonação em palavras e frases, que dão a qualidade melódica peculiar à língua.

1. Cumprimentos

Sim → Ja [ya]

Não → Nej [ney]

Bem-vindo(a)! → Välkommen [välkomen]

Por favor → Tack [tak]

Obrigado! → Tack! [tak]

Bom dia! → God morgon! [go moron]

Boa tarde! → God middag! [go middag]

Boa noite! → God afton! [go afton]

Como vai? → Hur står det till? [hür stor det till]

Bem, obrigado. → Bra, tack. [bro, tak]

Boa noite! (despedida) → God natt! [go natt]

Adeus! Tchau! → Adjö! Vi ses! [adjö vi síạs]

2. Informações Pessoais

Qual é seu nome? → Vad heter Ni? [vọd yeter ni]

Meu nome é Ragnar. → Jag heter Ragnar. [yọ yeter ragnar]

Prazer em conhecer. → Angenämt. [angenämt]

Você fala inglês? → Talar Ni engelska? [talar ni engelska]

Qual é a sua nacionalidade? → Varifrån kommer Ni? [varifrọn kommạr niy]

Brasil → Brasilien [brasiilyen]

Portugal → Portugal [portugal]

Angola → Angola [angola]

Moçambique → Moçambique [mosambik]

Sou turista. → Jag är turist. [yọ är türist]

Sou uma pessoa de negócios. → Jag är affärsman. [yọ är affärşman]

Sou estudante. → Jag är student. [yọ är student]

3. Objetos e Animais

O quê? → Vad? [vọd]

Férias → Semester [semester]

Chave → Nyckel [nükel]

Bagagem → Bagage [bagaj]

Passaporte → Pass [pas]

Cachorro → Hund [hund]

Gato → Cat [kat]

Livro → Bok [bok]

Roupa → Kläder [kläder]

Telefone → Telefon [telefon]

4. Descrevendo as coisas

Isto é... → Den är... [denär]

Bom → Bra [brọ]

Ruim → Dållig [dọlley]

Bonito → Vacker [váker]

Feio → Ful [ful]

Grande → Stor [stọr]

Pequeno → Liten [liten]

Branco → Vit [vit]

Preto → Svart [svọrt]

Vermelho → Röd [röd]

Azul → Blå [blọ]

Amarelo → Gul [gul]

Verde → Grön [grön]

Marrom → Brun [brün]

5. Tempo

Quando? → När? [när]

Agora → Nu [nu]

Depois → Senare [syẹnare]

Hoje → I dag [i dọ]

Frio → Kall [kal]

Chuva → Regn [reyn]

Neve → Snö [snö]

Quente / calor → Hett, Värme [het, värme]

Sol → Sol [sọl]

6. Lugares

Onde é...? → Var är... [vọr är]

Banheiro / lavabo → Badrum, handfat [bọdrum . handfat]

Hotel → Hotell [họtel]

Restaurante → Restaurang [restoraŋ]

Hospital → Sjukhus [hyükhüs]

Aeroporto → Flygplats [flügplats]

Casa → Hus [hüs]

Perto → Stänga [stänga]

Longe → Långt [lọngt]

Aberto → Öppen [öpen]

Fechado → Stängt [stängt]

Centro de compras? → Köpcentrum? [şöptsentrum]

7. Direções e Transporte

Aqui → Här [här]

Direita → Höger [höger]

Esquerda → Vänster [vänster]

Reto → Rakt [rọkt]

Avião → Plan [plọn]

Carro → Bil [bil]

Trem → Tåg [tog]

Ônibus → Buss [bus]

8. Pessoas

Quem? → Vem? [vẹm]

Eu → Jag [ya]

Tu / Você → Du / Ni [dü / ni]

Ele → Han [han]

Ela → Hon [hon]

Nós → Vi [vi]

Vós / Vocês → Ni [ni]

Eles → De [de]

Elas → De [de]

Homem → Man [man]

Mulher → Kvinna [kvina]

Pai → Far [fọr]

Mãe → Mor [mor]

Filho → Son [son]

Filha → Dotter [dotter]

Amigo → Vän [vän]

Marido → Man [man]

Esposa → Fru [frü]

Amor → Kärlek [şyärlek]

Eu te amo → Jag älskar dig [ya älskar dey]

9. Comes e Bebes

Comida → Mat [mat]

Pão → Bröd [bröd]

Fruta → Frukt [frükt]

Peixe → Fisk [fisk]

Galinha → Kyckling [şükliŋ]

Carne → Kött [şyöt]

Leite → Mjölk [mjölk]

Água → Vatten [vaten]

Suco → Juice [djüs]

10. Números

Quanto? → Hur mycket? [hür müket]

Quanto custa? → Hur mycket kostar det? [hür myket kostar det]

Caro → Dyra [düra]

Barato → Billig [billey]

Um → En [en]

Dois → Två [tvǫ]

Três → Tre [tre]

Quatro → Fyra [füra]

Cinco → Fem [fem]

Seis → Sex [seks]

Sete → Sju [hyü]

Oito → Åtta [ǫta]

Nove → Nio [nio]

Dez → Tio [tio]

Quinze → Femton [femton]

Vinte → Tjugo [şyugo]

Vinte e cinco → Tjugofem [şyugofęm]

Cinquenta → Femtio [fęmtio]

Cem → Hundra [hundra]

Duzentos → Tvåhundra [tvohundra]

Duzentos e cinquenta → Tvåhundrafemtio [tvohundrafęmtio]

Quinhentos → Fem hundra [fẹm hundra]

Mil → Tusen [tüsen]

TAILANDÊS

Falantes:

Por volta de 60 a 70 milhões de pessoas falam tailandês. Um pouco menos da metade a fala como língua materna.

Onde é falado:

Principalmente na Tailândia e nos países vizinhos.

Classificação:

O tailandês ou "thai", como é conhecido, pertence à família Kra-Dai, mas tem estrutura bastante semelhante à chinesa: é analítica e tonal. Grande parte de seu vocabulário é proveniente da Índia: Sânscrito e Pali.

Destaques:

O tailandês é uma língua com considerável número de falantes. Além disso, a Tailândia é um dos mais requisitados destinos turísticos do mundo, tendo grande experiência em atendimento ao público estrangeiro, além de ter muitas empresas que se dedicam à exportação.

Falar palavras em thai aumenta em muito as chances de começar um bom relacionamento com os tailandeses. Tanto em uma viagem ao país, nos negócios, ou quando receber tailandeses no Brasil, interagir com algumas palavras na língua deles deverá causar grande surpresa.

Curiosidades:

O tailandês deve estar entre as línguas com pronúncia mais diferentes ou até mais difíceis para um brasileiro. No entanto, termos curtos tendem a ser mais fáceis e causam efeito positivo.

Por outro lado, sendo uma língua analítica, não existem conjugações, declinações ou mudanças nas palavras. Além do mais, a principal frase usada para se cumprimentar ou se despedir em tailandês → สวัสดี [sawàt' dìi] serve para qualquer hora do dia e também para as despedidas.

"*Sawat' dii*" deve ser pronunciado com as duas mãos juntas na altura do peito e baixando levemente a cabeça para frente com um sorriso. Para ficar perfeito, os homens não devem esquecer de falar *kráp'* e as mulheres *kâa* logo após a frase. Assim, os homens devem dizer: *sawat' dii kráp* e as mulheres *sawat' dii kâa*.

Essas duas partículas podem ser usadas depois de praticamente qualquer termo, quando você estiver falando com alguém. Soa polido, respeitoso e valoriza as regras de etiqueta tailandesas.

As consoantes em que posicionei um apóstrofo ['] logo após não devem ser pronunciadas em sua integridade. Apenas posicione a boca para pronunciar e o som termina ali. Atenção ao diferenciar [t] de [th], o [h] deve ser pronunciado curto depois da letra que o precede. É aconselhável rever o que foi abordado sobre tons.

* Devido ao sistema de publicação do Kindle, algumas letras do alfabeto tailandês podem aparecer distorcidas. O método de pronúcia, porém, permanece mantido.

1. Cumprimentos

Sim → ใช่ [tşây]

Não → ไม่ใช่ [mây tşây]

Bem-vindo → ยินดีต้อนรับ [yin dii tộn ráp']

Por favor → กรุณา [kàrúnaa]

Obrigado! → ขอบคุณ! [khọp' khun]

Bom dia! → สวัสดี [sawàt' dìi]

Boa tarde! → สวัสดี [sawàt' dìi]

Boa noite! → สวัสดี! [sawàt' dìi]

Como vai? → เป็นยังไงบ้าง [pen yaŋ ŋay bâŋ]

Bem, obrigado. → สบายดีขอบคุณ [sabaay dii, khòp' khun]

Boa noite! (despedida) → สวัสดี [sawàt' dìi]

Adeus! Tchau! → ลาก่อน [laa kọn]

2. Informações Pessoais

Qual é seu nome? → คุณชื่ออะไร? [khun tşî àray]

Meu nome é Buun → ผม/ดิฉันชื่อ บุญ [pŏm (M), dìtşan (F) tşî buun]

Prazer em conhecer. → ยินดีที่ได้รู้จัก [yin dii thîi dây rúu djak']

Você fala inglês? → พูดภาษาอังกฤษได้ไหม? [phût' phaasăa aŋkrit' dây măy?]

De onde você é? → คุณมาจากไหน? [khun maa jàak' năy?]

Brasil → บราซิล [prāsin]

Portugal → โปรตุเกส [poruket']

Angola → แองโกลา [ęŋkulaa]

Moçambique → โมซัมบิก [mosambik]

Sou turista. → ผม/ดิฉันป็นนักหฺฏ็องเที่ยว [pŏm (M), dìtşan (F) pen nák 'thộŋ thîaw]

Sou uma pessoa de negócios. → ผม/ดิฉันป็นนักธุรกิจ [pŏm (M), dìtşan (F)pen nạk' thúrákit']

Sou estudante. → ผม/ดิฉันป็นนักศึกษา [pŏm (M), dìtşan (F) pen nák' sìk' săa]

3. Objetos e Animais

O quê? → อะไร [àray]

Férias → วันหยุด [wan yùt]

Chave → ลูกกุญแจ [lûuk' kun djẹẹ]

Bagagem → สัมภาระ [săm phaa rá]

Passaporte → หนังสือเดินทาง [năŋ sị̆ dịn thaaŋ]

Cachorro → หมา [măa]

Gato → แมว [mèw]

Livro → หนังสือ [năŋ sị̆]

Roupa → เสื้อผฺฏ้า [sịa phăa]

Telefone → โทรศัพท์ [thoo rá sàp]

4. Descrevendo as coisas

Isto é... → นี้ [níi]

Bom → ดีไ [dii]

Ruim → ไม่ดี [mày dii]

Bonito → สวย [sǔay]

Feio → น่าเกลียด [naaklìạt']

Grande → ใหญ่ [yày]

Pequeno → เล็ก [lék']

Branco → สีขาว [sǐ khǎw]

Preto → สีดำ [sǐ daam]

Vermelho → สีแดง [sǐ dęŋ]

Azul → สีน้ำเงิน [sǐ náam ŋịịn]

Amarelo → สีเหลือง [sǐ lǐạŋ]

Verde → สีเบียว [sǐ kǐaw]

Marrom → สีน้ำตาล [sǐ náam taan]

5. Tempo

Quando? → เมื่อไหร? [mịaray]

Agora → ตอนนี้ [tọn níi]

Depois → ที่หลัง [thîi lǎŋ]

Hoje → วันนี้ [wan níi]

Frio → หนาว [nǎw]

Chuva → ฝน [fǒn]

Neve → หิมะ [himá]

Quente / calor → ร้อน [rọ́n]

Sol → ดวงอาทิตย์ [dǔạŋ atit]

6. Lugares

Onde é...? → ... อยู่ที่ไหน [...yùu thîi nǎy]

Banheiro / lavabo → ส้วม [sûạm]

Hotel → โรงแรม [rooŋ rẹm]

Restaurante → ร้านอาหาร [ráan ahǎn]

Hospital → โรงพยาบาล [rooŋ phyáabaan]

Aeroporto → สนามบิน [sanǎam bin]

Casa → บ้าน [bâan]
Perto → ใกล้ [klây]
Longe → ไกล [klay]
Aberto → เปิด [pèt']
Fechado → ปิด [pìt']
Mercado → ตลาด [talàat']

7. Direções e Transporte

Aqui → ที่นี้ [thîi níi]
Direita → ขวา [khwăa]
Esquerda → ซ้าย [sáai]
Reto → ตรงไป [troŋ pay]
Avião → เครื่องบิน [khrị̂aŋ bin]
Carro → รถ [rótt]
Trem → รถไฟ [rót' fay]
Ônibus → รถเมล์ [rót me]

8. Pessoas

Quem? → ใคร [khray]
Eu → ผม/ดิฉัน [pǒm / dìtṣan]
Tu / Você[s] → คุณ [khun]
Ele(a)[s] → เขา [khăw]
Nós → เรา [raaw]
Homem → ชาย [tṣāy]
Mulher → หญิง [yǐŋ]
Pai → พ่อ [phộ]
Mãe → แม่ [mệẹ]
Filho → ลูกชาย [lûuk' tṣaay]
Filha → ลูกสาว [lûuk' săw]
Amigo → เพื่อน [phị̀an]
Marido → สามี [săa mii]
Esposa → ภรรยา [phan ráyaa]
Amor → รัก [rậk']

Eu te amo → ผมรักคุณ / ดิฉันรักคุณ [pŏm (M) rák' khun / dìtşan (F) rák' khun]

9. Comes e Bebes

Comida → อาหาร [aahăan]

Pão → ขนมปังิ้ง [khanŏm paŋ]

Fruta → ผลไม้ [phŏn lámáy]

Peixe → ปลา [plaa]

Galinha → ไก่ [kày]

Carne → เนื้อ [nîa]

Leite → นม [nom]

Água → น้ำ [năam]

Suco → น้ำผลไม้ [năam phŏn lámáy]

10. Números

Quanto → เท่าไหร? [thâw ray]

Caro → แพง [phęŋ]

Barato → ไม่แพง [mày phęŋ]

Um → หนึ่ง [nìŋ]

Dois → สอง [sǫŋ]

Três → สาม [săam]

Quatro → สี่ [sìi]

Cinco → ห้า [hâa]

Seis → หก [hòk']

Sete → เจ็ด [djèt']

Oito → แปด [pèt']

Nove → เก้า [kâw]

Dez → สิบ [sìp']

Quinze → สิบห้า [sìp' hâa]

Vinte → ยี่สิบ [yii sìp']

Vinte e cinco → ยี่สิบห้า [yii sìp' hâa]

Cinquenta → ห้าสิบ [hâa sìp']

Cem → หนึ่งร้อย [nìŋ rǫ́y]

Duzentos → สองร้อย [sǫŋ rǫ́y]

Duzentos e cinquenta → สองร้อยห้าสิบ [sǫŋ rǫ́y hâa sìp']

Quinhentos → ห้าร้อย [hâa rǒy]
Mil → หนึ่งพัน [nìŋ phan]

TURCO

Falantes:

Aproximadamente 100 milhões de pessoas falam esta língua como primeira ou segunda língua, mas devido à semelhança com outras línguas turcas, pode ser compreendida por um número bastante superior.

Onde é falado:

O turco é língua oficial da Turquia, mas línguas bastante próximas são faladas em outros países como turcomenistão e azerbaijão. Outras línguas aparentadas são faladas na Ásia Central e Rússia, tendo maior ou menor semelhanças com o turco de Istambul.

Classificação:

Atualmente o turco é considerado uma língua da família turca, mas devido a semelhanças, já foi classificado como uma língua altaica, o que o colocaria na mesma família de línguas como o mongol, o coreano e o japonês.

Essa teoria não é unanimidade entre os linguistas e, embora o turco tenha muitas semelhanças com o mongol, acredita-se que seja devido ao longo tempo de convivência e influência mútua entre os mongóis e os turcos, não a uma origem comum.

O turco otomano era escrito em uma versão modificada do alfabeto árabe. Atualmente é escrito em alfabeto romano e, embora muitas pessoas confundam árabes e turcos, esses últimos não têm qualquer vínculo linguístico familiar com o árabe, que é uma língua semita. O que existe são apenas influências majoritariamente lexicais, devido ao contato com a religião islâmica.

O turco é uma língua aglutinativa, ou seja, junta partículas para formar novos significados. Essas partículas normalmente rimam com a palavra original, de certa forma, o que é chamado de harmonia vocálica.

Por exemplo: a língua não tem gêneros, mas os verbos são

conjugados e preposições não existem, no lugar delas, partículas são adicionadas ao fim das palavras.

Destaques:

O turco e suas línguas irmãs cobrem um vasto território que se estende da Turquia no Oeste até a região Nordeste da Rússia, tendo talvez centenas de pessoas que podem falar ou compreender a língua.

Também foi a língua do Império Otomano, tendo vasta influência na região da Ásia Central, com o persa. Existem inúmeras comunidades turcas espalhadas pelo mundo, sendo possível utilizá-lo em muitos países.

Curiosidades:

Devido às alianças e à multiculturalidade presente no grande império mongol, línguas turcas se espalharam por uma vasta área, tendo hoje versões mais ou menos inteligíveis para seus falantes. Os sistemas escritos, porém, podem variar de país para país, e os alfabetos romano, árabe e cirílico são os mais utilizados.

Sua versão em alfabeto romano é bastante fonética e regular. Uma vez aprendido, é possível ler praticamente qualquer palavra com baixo risco de erros.

1. Cumprimentos

Sim → Evet [evet]

Não → Hayır [hayır]

Bem-vindo(a) → Hoşgeldiniz [hoşgéldiniz]

Por favor → Lütfen [lütfen]

Obrigado! → Teşekkür ederim! [teşekkür ederim]

Bom dia! → Günaydın! [günaydın]

Boa tarde! → Tünaydın! [tünaydın]

Boa noite! → İyi akşamlar! [iyi akşamlar]

Como vai? → Nasılsınız? [nasılsınız?]

Bem, obrigado. → İyim, teşekkürler! [iyim, teşekkürler]

Boa noite! (despedida) → İyi geceler! [iyi gedjeler]

Adeus! Tchau! → Hoşçakalınız! [hoştşakalınız]

2. Informações Pessoais

Qual é seu nome? → Adın ne? [adın ne]

Meu nome é Ahmet. → Benim adım Ahmet. [benim adım ahmet]

Prazer em conhecer. → Tanıştığımıza memnun oldum. [tanıştığımıza memnun oldum]

Você fala inglês? → İngilizce konuşabiliyor musun? [ingilizdje konuşabiliyor musun]

De onde você é? → Neredensiniz? [neredensiniz]

Brasil → Brezilya [brezilya]

Portugal → Portekiz [portekiz]

Angola → Angora [angora]

Moçambique → Mozambik [mozambik]

Sou turista. → Ben turistim [ben turistim]

Sou uma pessoa de negócios. → Ben bir iş insanıyım [ben bir iş insanıyım]

Sou estudante. → Ben öğrenciyim [ben öörendjiyim]

3. Objetos e Animais

O quê? → Ne? [ne]

Férias → Tatil [tatil]

Chave → Anahtar [anahtar]

Bagagem → Bagaj [bagaj]

Passaporte → Pasaport [pasaport]

Cachorro → Köpek [köpek]

Gato → Kedi [kedi]

Livro → Kitap [kitap]

Roupa → Çamaşırlar [tşamaşırlar]

Telefone → Telefon [telefon]

4. Descrevendo as coisas

Isto é... → Bu... [bu]

Bom → Iyi [iyi]

Ruim → Kötü [kötü]

Bonito → Güzel [güzel]

Feio → Çirkin [tşirkin]

Grande → Harika [harika]

Pequeno → Küçük [kütşük]

Branco → Beyaz [beyaz]

Preto → Siyah [siyah]

Vermelho → Kırmızı [kirmizi]

Azul → Mavi [mavi]

Amarelo → Sarı [sari]

Verde → Yeşil [yeşil]

Marrom → Kahverengi [kahverengi]

5. Tempo

Quando? → Ne zaman? [ne zaman]

Agora → Şimdi [şimdi]

Depois → Sonra [sonra]

Hoje → Bugün [bugün]

Frio → Soğuk [soğuk]

Chuva → Yağmur [yaamur]

Neve → Kar [kar]

Quente / calor → Isı [isi]

Sol → Güneş [güneş]

6. Lugares

Onde é...? → Nerde? [nerede?]

Banheiro / lavabo → Tuvalet [tuvalet]

Hotel → Otel [otel]

Restaurante → Restoran [restoran]

Hospital → Hastane [hastane]

Aeroporto → Havaalanı [havaalani]

Casa → Ev [ev]

Perto → Yakın [yakin]

Longe → Uzak [uzak]

Aberto → Açık [atşik]

Fechado → Kapalı [kapalị]

Mercado → Pazar [pazar]

7. Direções e Transporte

Aqui → Burada [burada]

Direita → Sağ [saa]

Esquerda → Sol [sol]

Reto → Dosdoğru [dosdoğru]

Avião → Uçak [utşak]

Carro → Araba [araba]

Trem → Tren [tren]

Ônibus → Otobüs [otobüs]

8. Pessoas

Quem? → Kim? [kim]

Eu → Ben [ben]

Tu / Você → Sen / Siz [sen / siz]

Ele → O [o]

Ela → O [o]

Nós → Biz [biz]

Vós / Vocês → Siz [siz]

Eles → Onlar [onlar]

Elas → Onlar [onlar]

Homem → Adam [adam]

Mulher → Kadın [kadịn]

Pai → Baba [baba]

Mãe → Anne [anne]

Filho → Oğul [oğul]

Filha → Kız [kịz]

Amigo → Arkadaş [arkadaş]

Marido → Koca [kodja]

Esposa → Karı [karị]

Amor → Aşk [aşk]

Eu te amo → Seni seviyorum [seni seviyorum]

9. Comes e Bebes

Comida → Gıda [gida]

Pão → Ekmek [ekmek]

Fruta → Meyve [meyve]

Peixe → Balık [balik]

Galinha → Tavuk [tavuk]

Carne → Et [et]

Leite → Süt [süt]

Água → Su [su]

Suco → Suyu [suyu]

10. Números

Quanto → Ne kadar? [ne kadar]

Quanto custa? → Maliyeti ne kadar? [maliyeti ne kadar]

Caro → Pahalı [pahali]

Barato → Ucuz [udjuz]

Um → Bir [bir]

Dois → Iki [iki]

Três → Üç [ütş]

Quatro → Dört [dört]

Cinco → Beş [beş]

Seis → Altı [alti]

Sete → Yedi [yedi]

Oito → Sekiz [sekiz]

Nove → Dokuz [dokuz]

Dez → On [on]

Quinze → Onbeş [onbeş]

Vinte → Yirmi [yirmi]

Vinte e cinco → Yirmi Beş [yirmi beş]

Cinquenta → Elli [elli]

Cem → Yüz [yüz]

Duzentos → İki yüz [iki yüz]

Duzentos e cinquenta → İki yüz elli [iki yüz elli]

Quinhentos → Beş yüz [beş yüz]

Mil → Bin [bin]

TUPI-GUARANI (NHEENGATU / ÑE'ẼGATU)

É provável que você se assuste ao ver a língua "tupi-guarani" incluída em um guia linguístico semelhante a um livro de frases *"phrase-book"*. Por que aprender palavras nessa língua se seu interesse é se comunicar com estrangeiros?

O motivo é que muitos estrangeiros visitam o Brasil e nada mais natural a um turista, seja a lazer ou negócios, do que ser curioso em relação a um mundo de novidades. É comum que perguntem o que significa "Ipanema", "Ibirapuera" ou Paraná, por exemplo.

Fora guias turísticos experientes e estudiosos, a maioria de nós nunca parou para pensar no significado dessas palavras e acabamos frustrando o desejo de nosso interlocutor estrangeiro de aprender um pouco mais sobre nossa cultura.

O que pretendo apresentar a seguir é um apanhado de frases ligeiramente diferentes das que usei para as demais línguas, para efeito de curiosidade além de topônimos (nomes de cidades e outros pontos geográficos) que geralmente aguçam a curiosidade de estrangeiros.

É importante mencionar que não existe uma grafia padrão usada por todos os estudiosos da língua. Pesquisadores e autores de livros como Moacyr Ribeiro de Carvalho, Luiz Carlos Tibiriçá, Eduardo de Almeida Navarro e Joubert de Mauro usam grafias diferentes em seus livros. Dessa maneira, procurarei manter o que parece ser mais classicamente utilizado: û é normalmente usado para o som [w], î para [y] e y para [ɨ], aproximadamente o mesmo som usado em línguas como o turco, o chinês e o tailandês, mantendo o restante com a proposta fonética apresentada nesse livro. Então, usaremos o mesmo padrão de transcrição fonética que seguimos até agora. Em seguida, para manter o padrão usado no livro e facilitar uma pronúncia mais próxima à falada.

Falantes:

Antes de mais nada, é importante que se saiba que o termo tupi-guarani diz respeito a uma família de línguas. A antiga língua, geralmente referida na história do Brasil, com base nessa família, era conhecida como língua geral brasileira, depois como língua geral paulista e também língua geral amazônica.

O tupi-guarani foi escolhido como língua de colonização por serem os povos de maior contato com os europeus, quando chegaram ao Brasil, principalmente no litoral. A língua adentrou ao sertão brasileiro, muito graças às atividades dos Bandeirantes.

Hoje, a versão mais parecida é chamada de nheengatu, ou ñe'ẽgatu, falada por cerca de 20 mil pessoas.

Onde é falado:

Hoje ainda é falado em diversas regiões do Brasil, da Colômbia e da Venezuela, mas principalmente na cidade de São Gabriel da Cacheira, onde é reconhecido como língua oficial.

Classificação:

O nhe'engatu é uma língua na família tupi-guarani da qual pertence o guarani, falado no Paraguai por grande parte da população, sendo considerado um dos casos de maior sucesso de sobrevivência de uma língua nativa do continente americano.

O guarani paraguaio tem mais de 4 milhões de falantes e tem diversas semelhanças com o nhe'engatu, também é falado em regiões do Brasil.

O nhe'engatu é uma língua incorporante, ou seja, as palavras, se juntam para formar novos conceitos e podem sofrer alterações nesse processo. Por exemplo, a palavra "Jabaquara" ou îabakûara é formada por: fugir → îababa [yababa] + toca → kûara [kwara] = Toca de fuga, esconderijo.

Os verbos conjugam no início como: *xe asasá* significa "eu passo". "Você passa" seria *indé resasá*. Além disso, na maioria das vezes, a língua não usa preposições, mas posposições, ou seja, em vez de eu dizer "em São Paulo", em nhe'engatu eu direi "São Paulo-em" →

São Paulo upé. Essa estrutura é semelhante em línguas, como japonês, coreano ou turco, por exemplo.

Destaques:

Em termos de uso na comunicação, o nhe'engatu não é uma língua com muitos falantes. Entretanto, a língua tem forte influência no português falado no Brasil e principalmente na geografia, fauna e flora, estendendo-se também a coisas que usamos no dia a dia. Existem palavras tupi-guaranis usadas até no inglês, como: jaguar, manioc (mandioca) e piranha, por exemplo.

Segundo diversos especialistas, entre eles, Joubert di Mauro, até 1700 o tupi era bem mais falado no Brasil do que o português. Devido ao processo chamado de cunhadismo, muitos descendentes dos povos tupis e até mesmo brancos usavam a língua como principal forma de comunicação. Alguns dos descendentes de portugueses não sabiam falar português. Estima-se que aproximadamente 10 mil palavras de origem tupi tenham entrado para a língua portuguesa.

Curiosidades:

O nhe'engatu é uma entre as várias línguas que existiam e ainda existem no Brasil e na América do Sul. A comunidade Pataxó encontrada em Barra Velha, na Bahia, falava e, alguns ainda falam hoje, o patxohã, que é uma língua da família macro-jê, diferente da tupi.

Os tupis costumavam chamar os demais povos do Brasil de tapuias, que têm um significado próximo de "inimigo" ou "bárbaro". Embora os tupis dominassem a maior parte da costa brasileira, não possuíam uma unidade. Eram divididos em povos de mesma língua ou línguas bastante próximas, como os tamoios, tupinambás e tupiniquins, nomes que fazem referência à relação da comunidade com a matriz tupi.

Os tupis desenvolveram um vasto vocabulário para descrever a fauna e a flora brasileiras, conhecendo propriedades nutricionais e medicinais encontradas na natureza. Costumavam ter uma interação forte com os elementos da floresta, atribuindo a cada ser algo semelhante ao que entendemos por espírito.

As frases que seguem são baseadas no curso do professor Navarro com algumas alterações na escrita, de modo que a torne mais regular e fácil de pronunciar.

1. Cumprimentos

Sim → Eẽ [eẽ]

Não → Umbaá [umbaá]

Obrigado! → Kûekatu! [kwekatu]

Bom dia! → Puranga ara! [puranga ara]

Boa tarde! → Puranga karuka! [puranga karuka]

Boa noite! → Puranga pituna! [puranga pituna]

Como passa? → Maîê taá indé resasá? [mayé taá indé resasá]

Passo muito bem. → Puranga tẽ asasá. [puranga tẽ asasá]

2. Informações Pessoais

Qual é seu nome? → Maã taá ne rera? [maã taá ne rera]

Meu nome é Pedro. → Ixé aîuseruka Pedro. [işé ayuseruka pedro]

Falar → Ñe'ẽ [ñe'ẽ]

3. Objetos e Animais

O quê? → Maã [maã]

Cachorro → Jagûara [jagwara]

Gato → Pixana [pişana]

Papagaio → Marakanã [marakanã]

Pedra → Itá [itá]

Montanha → Ybytyra [ibịtịra]

Rio profundo → Paragûasú [paragwasú]

Floresta → Kaaeté [kaaeté]

4. Descrevendo as coisas

Isto... → Kuá [kuá]

Bom → Katu [katu]

Ruim → Aíba [aíba]

Bonito → Puranga [puranga]

Feio → Poxy [poşị]

Grande → Gûasú [gwasú]

Pequeno → Mirĩ [mirĩ]

Branco → Tinga, murutinga [tinga, murutinga]

Preto → Una, xu [una, şu]

Vermelho → Piranga [piranga]

Azul → Suik, suikira [suik, suikira]

Amarelo → Jubá [jubá]

Verde → Pyra [pịra]

5. Tempo

Quando? → Aîuã [ayuã]

Agora → Kûiri [kwiri]

Depois → Asuí [asuí]

Hoje → Uîi [uyi]

Frio → Irusanga [irusanga]

Chuva → Amana [amana]

Quente / calor → Sakusaûa [sakusawa]

Sol → Kurasi [kurasi]

6. Lugares

Onde é...? → Makiti [makiti]

Casa → Oka, uka [oka, uka]

Perto → Kaûké [kawké]

Longe → Apekatú [apekatú]

Aqui → Iké [iké]

7. Pessoas

Quem? → Aûá [awá]

Eu → Ixé [işé]

Tu / Você → Indé [indé]

Ele / Ela → Aé [aé]

Nós → Îandé [yandé]

Vós / Vocês → Peñẽ [peñẽ]

Eles → Aîntá [ayntá]

Homem → Apigaûa [apigawa]

Mulher → Kuñã [kuñã]

Amor → Saisusaûa [saisusawa]

8. Comes e Bebes

Comida → Timbiú [timbiú]

Tapioca → Tipiaka [tipiaka]

Fruta → Ybá [ịbá]

Peixe → Pirá [pirá]

Água → Y [ị]

Suco → Ypûera [ịpwera]

Mandioca → Manîaka [manyaka]

Cajú → Akaîú [akayú]

Açaí → Asaí [asaí]

9. Nomes e Topônimos em Tupi-Guarani

Amanda → amandy [amandị] = Água de chuva

Amapá → amapá [amapá] = Planta de suco leitoso

Anhanguera → anhanga [añanga] espírito / deus da floresta + era [era] espírito = Espírito de anhanga, gênio da floresta, mais tarde associado a um demônio pelos portugueses

Aracaju → ara [ara] + akaîú [akayú] = Cajueiro das araras ou papagaios

Arapuá → eirapuã [eirapuã] = Nome de uma estrela

Araraquara → arara [arara] arara + kûara [kwara] buraco = O nome pode significar "Toca das Araras"

Bauru → yba [ịba] cesta + uru [uru] fruto = recipiente, cesto, vasilha de frutas

Bertioga → muriki [muriki] espécie de macacos + oka [oka] = Segundo o site da prefeitura local, o nome significa "casa dos macacos grandes"

Boiçucanga → boîasu [boyasu] cobra grande + akanga [akanga] cabeça = Akanga significa cabeça enquanto boisú se refere a uma cobra grande – "cabeçade cobra grande"

Butantã → yby [ịbị] terra, chão + atã [atã] forte = Terra forte ou firme. Assim como acontece em várias línguas asiáticas, a repetição das palavras tem uma conotação aumentativa. Ex. atã-atã = muito firme ou muito forte

Caiçara → kaaysara [kaaịsara] = Curral, cercado ou fazenda. Pode ter referência à forma em que os nativos do litoral de São Paulo viviam

Caipira → kaa [kaa] mato, selva + pyra [pịra] relação com = Descrição de quem vive no mato

Caipora → kaa [kaa] mato, selva + pora [pora] habitantede = Habitante do mato ou selva

Camboriu → kamury [kamurị] robalo + y [ị] água = Água ou rio dos robalos

Cambuci → kambusy [kambusị] = pote, fruta que se assemelha a um pote

Caraíba → karaíba ou karai'ûa [karaíba ou karai'wa] homem branco + karayba [karaịba] espécie de árvore = Homem branco ou espécie de árvore. Há outras hipóteses

Carioca → kariba ou karai'ûa [kariba ou karai'wa] homem branco + oka [oka] casa = Casa ou lugar dos homens brancos.

Ceará → semo [semo] canto + ara [ara] arara = Canto da jandaia

Curitiba → kuri [kuri] pinheiro + tyba [tịba] abundância = Segundo José de Alencar, Onde canta a Jandaia

Guarani → gûarinĩ [gwarinĩ] = Guerreiro

Guarujá → gûaryîa [gwariya] = Segundo pesquisador Francisco Martins, a palavra é uma composição de abertura ladeada nas rochas fazendo referência à topografia da região

Guarulhos → = O nome pode ter origem de povos de línguas pertencentes à família macro-je, diferente do tupi-guarani. O conhecimento sobre seu significado incerto, embora algumas fontes digam que é "índio barrigudo" ou "peixe barrigudo" com base no tupi.

Ibirapuera → ybyra [ịbịra] árvore + pûera [pwera] que foi = Que já foi floresta. Algumas fontes dizem que a palavra significa madeira envelhecida ou apodrecida.

Iguaçu → y [ị] + gûasu [gwasu] = quer dizer "água grande", "rio" ou "lago grande".

Ipanema → y [i̯] água + panema [panema] sem peixe, fedorento = água, rio ou mar, sem peixe ou fedorento

Ipiranga → y [i̯] água + piranga [piranga] vermelha = Água ou rio vermelho

Itanhaém → ita [ita] pedra + ñe'ẽŋ [ñe'ẽŋ] falar, cantar = Pedra que canta. A definição também é usada no site da Assembleia Legislativa do Estado de São Paulo

Itapuã → ita [ita] pedra + puama [puama] erguer-se = Pedra erguida. Também descrito como âncora ou lança

Itaquera → ita [ita] pedra + kera [kera] dormir = Pedra que dorme ou pedra dura

Itaúna → ita [ita] pedra + Uma [uma] preto = Pedra preta

Jabaquara → îababa [yababa] fugir + kûara [kwara] toca = Toca de fuga, esconderijo

Mandacaru → îamandakaru [yamandakaru] = Cacto

Maranhão → paranã [paranã] = Seria o mesmo que paraná: braço de rio

Morumbi → moru [moru] mosca + mbi [mbi] verde = Mosca verde. Há versões que fazem referência a "morro verde"

Pará → pará [pará] rio = Mar, rio caudaloso

Paraíba → para [para] rio + aiba [aiba] ruim = Riu ruim

Paraná → paraná [paraná] + ruim = Braço de rio

Paranaguaçu → paraná [paraná] braço de rio ou mar + gûasu [gwasu] grande = Braço de mar grande

Paranapiacaba → paraná [paraná] + apîaka [apyaka] "avistar,ver" + aba [aba] "lugar" = Local de onde se vê o mar

Piratininga → pira [pira] peixe + tininga [tininga] seco ou maduro = Peixe seco ou magro.

Tamoio → [t]amũîa [[t]amũya] = Avôs ou antepassados

Tietê → [t]y [[t]i̯] água + eté [eté] verdadeiro = Água verdadeira ou rio verdadeiro. Há descrições alternativas que apontam para o nome de uma ave.

Tijuca → tiîuka [tiyuka] lama, atoleiro = pântano, lama, atoleiro

Ubatuba → uubaeẽ [uubaeẽ] cana + tyba [tỵba] abundância = Lugar com muita planta. Uba também pode significar ova de peixe resultando em local de reprodução de peixes.

Uberaba → y [ỵ] água + beraba [beraba] brilhante = Água cristalina

ALAMÊS (ALLAMEJ) – UMA LÍNGUA QUE MISTURA LÍNGUAS

A maior parte das pessoas certamente nunca deve ter escutado falar desta língua. Isso se deve ao fato de que não é uma língua natural, mas construída a partir de diversas línguas do mundo.

Se você já ouviu falar da língua dos Elfos do Senhor dos Anéis ou do Valeryan da Série Game of Thrones, esses são exemplos de línguas construídas. Existem vários exemplos pelo mundo, com vários objetivos.

Hoje existem milhares de construtores de línguas espalhados por diversas partes do mundo. O alamês foi uma língua que criei a partir da mistura de diversas outras línguas existentes nas várias diversas regiões do mundo.

A língua começou a ser construída, quando eu tinha 17 anos de idade. Meu fascínio por línguas, culturas e religiões e contato com elas me inspiraram, e comecei a traçar as primeiras regras do que se transformaria em uma das línguas construídas mais híbridas, se comparada às mais conhecidas na primeira década do ano 2000. Todavia, uma mera desconhecida, como é o caso da maior parte das línguas construídas ou *conlangs*.

Desde um esboço de linguagem humana, o alamês seguiu como uma brincadeira de misturar e compatibilizar palavras e conceitos, o que foi ampliando seu vocabulário e dando forma à sua estrutura peculiar de difícil classificação, visto que se aproxima de modelos ocidentais e orientais ao mesmo tempo, absorvendo também elementos africanos e indígenas.

Para chamar o alamês de língua é preciso certa generalização, uma vez que a língua para existir precisa ser falada. As línguas naturais, por exemplo, têm um processo de transmissão sígnica de pais para filhos, adotivos ou não, e incluem toda uma comunidade. E é por meio desse processo que nosso pensamento se constitui, nossa cultura se aprende e compreendemos o que é certo e errado – na língua.

A palavra allamej é composta por três radicais: **Al** que provém das línguas germânicas *alles* do alemão ou *all* do inglês e significa "todo" ou "tudo". **Lam**, um radical semita, do árabe عالم [ʔalam] e do hebraico עולם [ʔolam], cujo significado é "mundo". Por último, o radical **ej**, cuja origem é turca. Em turco, o nome das línguas geralmente terminam em *ce* [dʒe] [entre outras formas que pedem harmonia com a palavra]. Juntas, estas três partículas nos traduzem o significado da palavra: língua do mundo todo.

Mas a língua não tem esse nome porque pretende ser falada pelo mundo todo. Não é, portanto, uma língua que se pretende auxiliar global como o volapük ou esperanto. Seu nome é um reforço à hibridez, ao respeito em relação à diversidade cultural, ao desejo de misturar e incluir. O alamês pode ser classificado como global, porque não está vinculado a um determinado grupo étnico, mas a culturas e línguas espalhadas por todos os continentes. Ele é estruturalmente global.

Sua formação léxica conta com radicais originados a partir de palavras de diversos idiomas de várias línguas e subfamílias linguísticas, como: chinês, germânico, grego, iorubá, japonês, línguas bantas, línguas celtas, línguas eslavas, línguas índicas, línguas latinas, línguas semitas, línguas turcas, persa, quíchua, tailandês e tupi-guarani, entre outras.

A língua é formada a partir de uma lógica de que cada sílaba tem um significado, e em um processo semelhante ao da língua chinesa, a união dessas sílabas forma outras palavras. Por exemplo, **sam**, do semita, significa "céu" e **xuy**, do chinês, traduz-se por "água". Juntas formam **samxuy**, chuva.

Além disso, há um sistema parecido, mas não exato, ao de sufixação, ou posposições que vão mudando o significado original da palavra.

Dessa maneira, um radical como **ir**, inspirado no latim, cujo significado é "movimento" pode formar diversas outras palavras como: **iri** "ir", **irem** "vou", **irëk** "carro" ou "transporte" [aquilo com o que se vai], **irëv** "destino", **írik** "indo", **irën** "rua" ou "caminho", **íretiv** "para que você vá". Nesse aspecto, pode parecer com línguas turcas, húngaro ou, mais distantemente, o coreano ou o japonês.

Com esse processo, é possível criar inúmeras palavras e até mesmo compreender palavras jamais ouvidas ou lidas desde que se conheçam as partes que a compõem.

A língua também não usa preposições, valendo-se de terminações de caso para determinar a função das palavras. Em inglês ou em português, por exemplo, dizemos *at home*, ou "em casa". Em alamês, a função da preposição é feita com um sufixo **Bayt**, do semita, que significa "casa". **Baytun** significa "em casa".

Esse processo de misturar raízes de várias origens linguísticas e compatibilizá-las em uma estrutura regular constitui a essência do alamês. Assim, como a maioria das línguas construídas, pode ser considerada como uma arte, a mesma que se refere David Peterson, em seu livro *The art of inventing languages* "A arte de inventar línguas". É, antes de mais nada, um convite a refletir sobre o pensamento global, já que a língua é o que estrutura o nosso pensamento.

Se nossas diferenças linguísticas e, consequentemente, culturais provocam a segregação da humanidade, o papel do alamês é instigar um questionamento: "como podemos harmonizar a diversidade cultural?". E isso tem relação com a filosofia...

"A filosofia é uma batalha contra o enfeitiçamento de nossa inteligência por meio da linguagem." Ludwig Wittggenstein – um dos maiores filósofos da língua. [LAW, 2007, p. 15]

Mais informações sobre o allamej podem ser obtidas em:

allamej.blogspot.com

allamejlanguage.wixsite.com/global

YouTube: TG Intercultural

1. Cumprimentos

Sim → Hezü [hezą]

Não → Nezü [nezą]

Bem-vindo(a) → Kalhirét [kalhirét]

Por favor → Kaluv [káluv]

Obrigado! → Todem! [tódem]

Bom dia! → Kalü yom! [kalą yom]

Boa tarde! → kalü zur! [kalą zur]

Boa noite! → Kalü tut! [kalą tut]

Como vai? → Hezet kyumü? [hézet kyumą]

Bem, obrigado. → Kalü, todem! [kalą tódem]

Durma bem → Sonét kalü! [sonét kalạ]

Adeus! Tchau! → Zayét kalü! [zayét kalạ]

2. Informações Pessoais

Qual é seu nome? → Xem tines hezel kune? [şem tines kune hezel]

Meu nome é Radraj. → Xem mines hezel Radraj. [şem mines hezel radraj]

Prazer em conhecer. → Kalü bid [kalạ bid]

Você fala inglês? → K'ü ejet angelejuh? [kạ éjet angeléjuh]

De onde você é? → Hezet kёned? [hézet kẹned]

Brasil → Brazil [brazil]

Portugal → Portugal [portugal]

Angola → Ngol [ngol]

Moçambique → Mzambik [mzambik]

Sou turista. → Hezem telirin [hezem telirin]

Sou uma pessoa de negócios. → Hezem parёrin [hezem parẹrin]

Sou estudante. → Hezem vedcadin [hezem vedĥadin]

3. Objetos e Animais

O quê? → Kune? [kune]

Férias → Öfrabüt [ọfrabạt]

Chave → Afёk [afẹk]

Bagagem → Telirpak [telirpak]

Passaporte → Telirradkad [telirradkad]

Cachorro → Kan [kan]

Gato → Kat [kat]

Livro → Pixmün [pixmạn]

Roupa → Leb [leb]

Telefone → Dyёnejёk / Telfonёk [dyẹnejẹk / telfonẹk]

4. Descrevendo as coisas

Isto é... → Hune hezel...

Bom → Kalü [kalạ]

Ruim → Malü [malạ]

Bonito → Dwilü / Kalvizëhü [dwilạ / kalvizẹhạ]

Feio → Uxdwilü / Malvizëhü [uṣdwilạ / malvizẹhạ]

Grande → Mëgü [mẹgạ]

Pequeno → Mikü [mikạ]

Branco → Safü [safạ]

Preto → Külü [kạlạ]

Vermelho → Lalü [lalạ]

Azul → Nilü [nilạ]

Amarelo → Pilü [pilạ]

Verde → Harü [harạ]

Marrom → Burü [burạ]

5. Tempo

Quando? → Küten? [kạten]

Agora → Hüten [hạten]

Depois → Gejun [gejun]

Hoje → Hayomun [hayomun]

Frio → Lünü [lạnạ]

Chuva → Samxuy [samṣuy]

Neve → törxuy [tọrṣuy]

Quente / calor → Rüyü [rạyạ]

Sol → Nit [nit]

6. Lugares

Onde é...? → Kënen? [kẹnen]

Banheiro / lavabo → Xuyyen [ṣuyen]

Hotel → Sonbayt [sonbayt]

Restaurante → Kölbayt [kọlbayt]

Hospital → Xünbayt [ṣạnbayt]

Aeroporto → Feyirën [feyirẹn]

Casa → Bayt [bayt]

Perto → Jenü [jenạ]
Longe → Telü [telạ]
Aberto → Afëhü [afẹhạ]
Fechado → Xudëhü [şudẹhạ]
Mercado → Xetën [şetẹn]

7. Direções e Transporte

Aqui → Hënen [hẹnen]
Direita → Rëkuv [rẹ́kuv]
Esquerda → Liykuv [líykuv]
Reto → Foruv [fóruv]
Avião → Feyirëk [feyirẹk]
Carro → Irëk [irẹk]
Trem → Ferirëk [ferirẹk]
Ônibus → Münirëk [mạnirẹk]

8. Pessoas

Quem? → Kine? [kine]
Eu → Mine [mine]
Tu / Você → Tine [tine]
Ele / Ela → Line [line]
Nós → Miney [míney]
Vós / Vocês → Tiney [tíney]
Eles / Elas → Liney [líney]
Homem → Ino / Max [ino / max]
Mulher → Ina / Jin [ina / jin]
Pai → Abo [abo]
Mãe → Aba [aba]
Filho → Beno [beno]
Filha → Bena [bena]
Amigo → Filin [filin]
Marido / Esposa → Labyujin [labyujín]
Amor → Lab [lab]

Eu te amo → Labem tineh [labem tineĥ]

9. Comes e Bebes

Comida → Köl [kọl]

Pão → Cub [ĥub]

Fruta → Ib [ib]

Peixe → Pex [pex]

Galinha → Gay [gay]

Carne → Mis [mis]

Leite → Lak [lak]

Água → Xuy [şuy]

Suco → Ibxuy [ibşuy]

10. Números

Quanto → Këtü? [kẹtạ]

Quanto custa? → Këtü par? [kẹtạ par]

Caro → Mëgparü [mẹgparạ]

Barato → Mikparü [mikparạ]

Um → Hed [hed]

Dois → Den [den]

Três → Xal [şal]

Quatro → Rëb [rẹb]

Cinco → Cam [ĥam]

Seis → Zex [zeş]

Sete → Sab [sab]

Oito → Tam [tam]

Nove → Nis [nis]

Dez → Hedeyn [hedeyn]

Quinze → Hedeyncam [hedeynĥam]

Vinte → Deneyn [deneyn]

Vinte e cinco → Deneyncam [deneynĥam]

Cinquenta → Cameyn [ĥameyn]

Cem → Miy [miy]

Duzentos → Denmiy [denmiy]

Duzentos e cinquenta → Denmiycameyn [denmiyĥameyn]

Quinhentos → Cammiy [ĥamiy]

Mil → Kil [kil]

PARA CONTINUAR SEUS ESTUDOS

A proposta desse guia é fornecer informações elementares sobre línguas e ferramentas de como usá-las para objetivos práticos. Mas espero ter deixado com ela um estímulo ao estudo mais profundo de línguas e culturas.

A internete nos proporciona hoje um leque infinito de possibilidades para obtermos conhecimento. O grande desafio é desviarmos o nosso impulso de buscar conteúdos que confirmem nossas crenças, o que muitas vezes resultam em informações falsas.

O conhecimento requer método com base científica e existem atualmente vários pesquisadores que transmitem o conhecimento de maneira acessível até mesmo a quem é leigo. Isso inclui as línguas.

Há vários canais no YouTube sobre idiomas de publicações disponíveis. É importante que se verifique antes se a fonte é confiável ou idônea. Dedicar-se ao aprendizado de idiomas é abrir portas para novas realidades!

"Todem!" - Agradeço a leitura e desejo muito sucesso em sua caminhada!

PARA UMA ATUAÇÃO internacional...

"Sem Fronteiras para o Sucesso – Internacionalização de profissionais, negócios e produtos"

Editora Évora

Sem fronteiras para o sucesso é um guia didático e prático que visa apresentar a profissionais e empreendedores a oportunidade de diferenciar e expandir negócios por meio da internacionalização, ou seja, do atendimento ao público internacional.

Com mais de vinte anos de experiência na área e sólido embasamento teórico, Rodrigo Solano aborda os temas de forma simples e didática, utilizando um sistema de ícones com referências, dicas e fontes oficiais para o aprofundamento do conteúdo. Além disso, a internacionalização é discutida com ênfase na interculturalidade e em ferramentas para planejamento e simulação prática. Os principais pontos tratados nesta obra são:

- Como planejar objetivamente um projeto bem-sucedido?

- Por que internacionalizar conduz ao sucesso?

- Quais são os conhecimentos necessários para atuar internacionalmente?

- Como incluir a internacionalização em um plano de negócios?

- Como realizar vendas e operações internacionais?

O livro traz respostas a essas e outras questões com foco no êxito da atuação internacional.

Encontrado nas principais livrarias e distribuidores além do site da editora www.editoraevora.com.br/sem-fronteiras-para-o-sucesso

REFERÊNCIAS BIBLIOGRÁFICAS

ABRAMSON, G. (1993). Hebrew in three months. Norwich, UK: Page Bros Ltd.

ASSIS, C. F. (2000). Ñe'ë ryru avañe'ë palavras dos guarani. São Paulo, Brasil : Fundação Biblioteca Nacional.

AUFDERTRAßE, H., BOCK, H., GERDES, M., MÜLLER, J., & MÜLLER, H. (1997). Themen neu - Lehrwerk Deutsch als Fremdsprache. Donauwörth, Deutschland: Sprachen Der Welt Hueber.

BALLHATCHET, H., & KAISER, S. (1992). Teach yourself Japanese. Chicago, U.S.A.: NTC Publishing Group.

BAT-IREEDUI, J. (1995). Mongolian phrasebook. London: Lonely Planet Publications.

BERLITZ. (1986). Finnish for Travelers. Lausanne, Switzerland: Berlitz Guides.

BERLITZ. (1991). Hungarian Phrasebook and Dictionary. Oxford, UK: Berlitz Publishing Company.

BLAKE, B. J. (2006). Classification of Languages. In: S. O. KEITH BROWN, Concise Encyclopedia of languages of the world (pp. 246-254). Victoria: Elsevier.

BROWN, K., & OGILVIE, S. (2009). Concise Encyclopedia of the languages of the world. Oxford, Reino Unido.

BROWN, N. J. (1994). Russian in three months. Norwich, UK: Page Bros.

CORONEL-MOLINA, S. M. (1989). Quechua phrasebook. Victoria, Australia: Lonely Planet Publications Pty Ltd.

COSTAZ, L. (2003). Gramaire Syriaque. Beirouth, Liban: Dar E-Machreq Éditeurs.

DEHGHANI, Y. (2001). Farsi (Persian) Phrasebook. Victoria, Australia: Lonely Planet Publications Pty Ltd.

ECO, U. (1995). The research for the perfect language. London: Blackwell Publishers Ltd.

GALERA, M. C. (1997). Curso Prático de Espanhol. São Paulo, Brasil: Círculo do Livro.

HARRIS, D. (1995). The art of calligraphy. London: Dorling Kindersley Limited.

INTERNATIONAL PHONETIC ASSOCIATION. (s.d.). The International Phonetic Alphabet and the IPA Chart. Acesso em 27 de março de 2018, disponível em International Phonetic Association: https://

www.internationalphoneticassociation.org/content/ipa-chart

JACKOBSON, R. (2010 [1967]). *Linguística e Comunicação*. São Paulo, Brasil: Editora Pensamento-Cultrix Ltda.

LAMBTON, A. (1976 [1953]). *Persian Grammar*. London: Cambridge University Press.

LAW, S. (2007). *Filosofia* (3. ed.). Rio de Janeiro, Brasil: Zahar.

LÉVI-STRAUSS, C. (1973). *Race et histoire*. In: UNESCO, Rece et science (p. 9 a 49). Paris: l'Organisation des Nations Unies pour l'éducation, la science el la culture.

LONGO, L. (2011). *Linguagem e Psicanálse - Psicanálise passo-a-passo* 64. Rio de Janeiro, Brasil: Zahar.

MARTIRE, J. (2006). *Indonesian phrasebook*. Victoria, Australia: Lonely Planet Publications Pty Ltd.

MAURO, J. D. (2000). *Vocabulário português-tupi e curso de tupi antigo* (internet). Rio de Janeiro, Brasil: Papel Virtual Editora.

MOHAMED, K., & MAZRUI, A. (2007). *Swahili a complete course for beginners*. New York, U.S.A.: Living Language.

MURPHY, R. (1999). *English grammar in use*. Cambridge, UK: Cambridge University Press.

PETERSON, D. (2015). *The art of language invention: from Horse-Lords to Dark Elves, the words behind world building*. New York: Penguin Books.

POCH, A., & YATES, A. (2004). *Teach yourself Catalan*. London, UK: Hoder and Headline.

RÓNAI, P. (2004). *Gradus primus, Curso básico de latim* (Vol. 1). São Paulo, Brasil: Cultrix.

RÓNAI, P. (2005). *Gradus secundus, Curso básico de latim* (Vol. 2). São Paulo, Brasil: Cultrix.

SANTAELLA, L. (1983). *O que é Semiótica*. São Paulo: Brasiliense.

SANTAELLA, L., & HISGAIL, F. (2013). *Semiótica Psicanalítica - Clínica da Cultura*. São Paulo, Brasil : Iluminuras.

SANTOS, J. L. (2017 [1983]). *O que é cultura*. São Paulo: Brasiliense .

SAUSSURE, F. D. (2012 [1916]). *Curso de Linguística Geral* (28. ed.). São Paulo, Brasil: Editora Pensamento-Cultrix Ltda.

SCHLEICHER, A. Y. (2008). *Yoruba the complete course for beginners*. New York, U.S.A.: Routledge.

SCURFIELD, E. (1991). *Teach yourself Chinese*. Chicago, U.S.A.: NTC Publishing Group.

SILVA, V. G. (2005). *Candomble e Umbanda, caminhos da devoção brasileira*. . São Paulo: Selo Negro.

SMART, J., & ALTORFER, F. (2001). *Teach yourself Arabic*. London, UK: Hodder Headline Ltd.

SMITH, D. (1995). *Teach yourself Thai*. London, UK: Hodder and

Headline Plc.

SOMON, P., GIRARDET, J., VERDELHAN, M., & VERDELHAN, M. (1988). *Le nouveau sans frontières 1 - méthode de français*. Paris, France: Clé International.

STEFANI, P. G. (1961). *Lezioni do lingua italiana*. São Paulo, Brasil: Livraria Francisco Alves.

STÖRIG, H. J. (2006 [2002]). *A aventura das línguas; Uma história dos idiomas do mundo*. São Paulo, Brasil: Melhoramentos Ltda.

TIBIRIÇÁ, C. L. (1984). *Dicionário Tupi Português*. São Paulo: Traço.

VELHO, A. P. (s.d.). *A semiótrica da cultura: apontamentos para uma metodologia de análise da comunicação*.

VERSIGNASSI, A. (22 de junho de 2017). *Super interessante*. Acesso em 12 de março de 2018, disponível em Deus Phater: a origem do nome de Deus: https://super.abril.com.br/historia/dyeus-phater-a-origem-do-nome-de-deus/

VLADISAVLJEVIC, B. (2008). *India phrase Book*. Victoria: Lonely Planet.

WATTS, N. (1993). *Greek in three months; Simplified language course*. Edison N.J., UK: Hugo's Language Books.

WEIGHTMAN, S., & SNELL, R. (2003). *Teach yoursel Hindi*. London, UK: Hodder Education.

WITTGENSTEIN, L. *Tractatus Logico-Philosophicus*. Londres: [s.n.], 2019 [1922].